雅纳切克私信集

（捷）莱奥什·雅纳切克 著 庄加逊 编译

漓江出版社
桂 林

图书在版编目(CIP)数据

雅纳切克私信集/(捷)莱奥什·雅纳切克 著;庄加逊 编译.—桂林:漓江出版社,2014.10

ISBN 978-7-5407-7245-1

Ⅰ.①雅… Ⅱ.①雅… ②庄… Ⅲ.①雅纳切克(1854~1928)-书信集 Ⅳ.K835.245.76

中国版本图书馆 CIP 数据核字(2014)第 195805 号

责任编辑:吴晓妮
叶 子
装帧设计:李星星

出版人:郑纳新
漓江出版社有限公司出版发行
广西桂林市南环路 22 号 邮政编码:541002
网址:http://www.lijiangbook.com
全国新华书店经销
销售热线:021-55087201-833

山东临沂新华印刷物流集团印刷
(山东临沂高新技术产业开发区新华路 邮政编码:276017)
开本:880mm×1 230mm 1/32
印张:9.375 字数:137 千字
2014 年 10 月第 1 版 2014 年 10 月第 1 次印刷
定价:38.00 元

目　录

引　子

雅纳切克(1854－1928),继斯美塔那、德沃夏克之后又一位重要的捷克作曲家。雅纳切克一生大部分时间都是一个怯懦的角色,一心期盼国人对他音乐的认可。以捷克语及摩拉维亚民间语言进行歌剧创作,以及反传统的"散文式"歌剧手法令雅纳切克早年在欧洲舞台上的道路并不顺畅。四十岁那年,他创作了职业生涯的第三部歌剧《耶奴发》,开始声名鹊起,之后创作的灵感从未枯竭。雅纳切克写有两首弦乐四重奏,其中第二弦乐四重奏《私信》写于1928年,逝世前的半年,是其最后一首室内乐。作品原标题为"情书",乐章间尽是雅纳切克对一位女性的爱意,一位简单的、不曾抛头露面的缪斯——卡米拉·斯托斯洛娃①。

二人相识于1917年7月,雅纳切克63岁,卡米拉25岁。

① 卡米拉·斯托斯洛娃(Kamila Stösslová,1891－1934),生于波希米亚的普提姆,其丈夫大卫·斯托塞尔(David Stössel)1889年生于摩拉维亚,两人于1912年结婚。(本书所有脚注均为译编者注。)

卡米拉当时已嫁作人妇，有两名幼子；雅纳切克也有妻子兹登卡·雅纳切科娃，夫妻关系并不融洽。关于这部第二弦乐四重奏《私信》，作曲家直言道：“乐曲末乐章描绘着你所带给我的苦恼——然而，那毕竟是我欲望中的怕和爱。”

就在他们的感情即将修成正果之时，一场暴风雨令雅纳切克高烧不退。1928 年 8 月，雅纳切克被送进俄斯特拉发市的一间疗养院。12 日，在卡米拉的照护下，他走到了生命的尽头。1928 年 9 月 11 日，雅纳切克逝世一个月后，第二弦乐四重奏《私信》由布尔诺的摩拉维亚四重奏团公开首演。雅纳切克逝世七年之后，卡米拉亦死于癌症，年仅 43 岁。

多年来，雅纳切克写给卡米拉·斯托斯洛娃的信被视作“不能言说的话题”。这段罗曼史幻化作美妙的灵感源泉，一切在雅纳切克晚年毫不避讳的音乐创作中一一得以印证。但究竟他们之间的关系与交往是一幅怎样的画面依然留于暧昧。偶尔一些描述雅纳切克工作的片段得以重见天日，关于其晚年与这位女士间的故事却是全然的沉默。它是一个秘密，所有人都希望了解的秘密。

事实上，卡米拉从一开始便小心地保存着雅纳切克的来信。雅纳切克逝世后两年，她拿出部分信件供瓦萨克（Adolf Vasek）写作雅纳切克传记所用，并同意瓦萨克在书中适当引用信件的内容。瓦萨克的书出版后不久，在《新闻日报》（*Narofni osvobozeni*）的周日副刊中刊登了一篇题为《来自莱奥什·雅纳切克的信》的文章，署名“B. V-y”。该文吸引了公众的注意，数量庞大的通信，近千封雅纳切克写给卡米拉·斯托斯洛娃的信浮出水面，据称它们被斯托斯洛娃夫人妥善地存放在皮塞克。在这篇文章中，作者引用了1926年雅纳切克在伦敦以及1927年在法兰克福所写的信件内容。文章的发表令雅纳切克的妻子兹登卡十分沮丧，任何令人们回忆起自己丈夫与卡米拉关系事实的一切都让她坐立不安。身为雅纳切克死后的合法代言人，兹登卡通过法律的途径禁止了雅纳切克信件的进一步公开发表。

然而，这篇文章引发了马萨里克大学音乐学院的赫尔福特(Vladimir Helfert)教授的极大关注，他希望能获得作曲家的信件以便存档研究。卡米拉拒绝了他的请求，并称自己不愿售卖这些信。卡米拉死后，赫尔福特再次向卡米拉的丈夫——斯托塞尔索要这些文件，亦未如愿。据赫尔福特后来回忆，斯托塞尔定的价码高得离谱，大学的学院根本支付不起，只能作罢。

直到1939年，战争引发大规模的恐慌与混乱，事情似乎有了些转机。战时，从雅纳切克协会管理负责人雅罗斯拉夫·拉布(Jaroslav Raab)口中，赫尔福特得知雅纳切克写给卡米拉的信件在"市场上"兜售。为了不暴露意图，赫尔福特谨慎地向作家版权协会的负责人卡雷尔·巴林(Karel Balling)寻求帮助，请求对方出面为其购买这些文件。巴林辗转与当时信件的拥有者贝德里奇·赫希(Bedrich Hirsch)取得联系。1939年11月6日，布尔诺马萨里克大学哲学学院与卖家达成协议，以总价22,000克朗的价格，购得共计713封雅纳切克寄予卡米拉的信件和明信片(其中包括一些空的信封)，12封

 *1854—1928*

雅纳切克写给大卫·斯托塞尔的信，卡米拉珍藏的纪念册一本，以及为马萨里克大学奠基而作的合唱作品乐谱手稿、第二弦乐四重奏《私信》的手稿。1939 年 11 月 8 日，赫尔福特将这些文件转移到布尔诺。

二战结束后，负责照看雅纳切克和兹登卡遗产的简·拉采克（Jan Racek）教授决定将雅纳切克的文档材料从哲学学院转移至摩拉维亚博物馆音乐分部存档，这当然也包括了那些私人信件。如今已经很难百分百确认这些资料是否完整：赫尔福特本人的房屋在战争中被洗劫一空，已找不到这些纸片的踪迹。这些信件被混装在一起，有些未标注时间的信更是难以找到原有的信封，这给整理归档造成极大的麻烦。

一直以来，对那些研究者而言，雅纳切克写给卡米拉·斯托斯洛娃的信总是具有迷人的吸引力。这些信并不是写给音乐领域的专业人士，雅纳切克只是通过它们对一个简单的女人诉说心曲，文字通俗易懂。在论述中，他充满天真烂漫的真诚与坦率，同时在一些个人见解上展现出冲动与鲁莽的脾性。然而，当生命走向终结之时，再多的活力也要在虚弱面前低头。这部私信集因此具有更广泛的意义，它不光是作曲家与收信人之间的记录，同时也是雅纳切克，作为一位作曲家，他的创作生活的真实写照，甚至是琐碎的、精疲力竭的、充满挣扎的每一天。

相 遇

1917—1924

这是交集的开始，男士热烈、女士冷淡，两者之间找不到任何共鸣。在1925年的回忆中，雅纳切克说与卡米拉的关系一开始更像是在自言自语。关于此，人们在1925年1月20日卡米拉的信中得到证实，她甚至很明确地写道：“我并不想和你说话。”

自1903年起，雅纳切克几乎每年夏天都会去摩拉维亚温泉疗养地待上几周。他总是独自一人，主要出于健康考虑，他尽情享受温泉并常在周围的村落长时间漫步。在那个年代，去温泉疗养地度假是一种时髦，尤其是哈布斯堡王朝时期捷克的内陆地区。有时候，雅纳切克也会去其他的一些温泉疗养区比如波胡达聂兹（Bohdanec）和特普利采，但是他最常去的还是卢哈乔维采，一来这个地方离布尔诺较近，二来这个地方更吸引大多数捷克当地人。两人相遇的1917年，也是雅纳切克成功地在布拉格首演其作品《耶奴发》的第二年。那时的雅纳切克已不仅仅是当地一位有声望的人，他还即将成为享有国际声誉的音乐大师。根据雅纳切克后来的回忆，他与卡米拉·斯托斯洛娃的初次见面，是1917年在卢哈乔维采一家非常著名的红酒吧Slovacka búda。当时，她坐在草地上，仿佛一只尚未学会怎么飞、精疲力竭的小鸟。雅纳切克甚至搞不清她的名字，在给卡米拉的第一封信中，雅纳切克在信封上写的是“Camilla Stößlova 夫人”（正确的写法应该是 Kamila Stösslová）。

另一位见证这段关系开始的重要人物是雅纳切克的妻子兹登卡，她比任何人都知晓更多的细节。兹登卡与丈夫的关系一直不太顺畅。1916 年，雅纳切克被传与嘉布里埃拉·赫瓦托娃（Gabriela Horvatova）有染，他与妻子的关系几乎到了破裂的地步。兹登卡一直担心赫瓦托娃会和雅纳切克一起在卢哈乔维采度假，没想到这一回，雅纳切克却是和一对年轻夫妇在一起，令她长长地松了口气。在她笔下，我们亲历了年轻女士卡米拉走进雅纳切克生活的那个夏天：

> 我们从不写信给对方。仅有一次他通过一个旧时的学生给我传了一条信息。正是那条讯息让我知晓赫瓦托娃并没有出现在卢哈乔维采。这真是惊天大新闻！我的丈夫竟然独自一人去卢哈乔维采，并且开始关心起家里日常必需品的情况来！……
>
> 早上十点，一辆马车停在花园前，莱奥什从车上跳了下来，他愉悦地告诉我：他搭乘最早的一班特快列车来，在卢哈乔维采遇见了一对年轻快乐的夫妇。“他们真的彼此相爱”，他不停地重复这句话。
>
> 他掏出一张照片递给我。一个年轻的女子，深色皮肤，显然是“赫瓦托娃夫人第二”，只是更加年轻，大概 25 岁，穿着一

件紧身连衣裙之类的衣服(阿尔卑斯山地女性的典型装扮),那时很多女人这么穿,借此表达穿戴者的爱国情结。我的直觉立刻清楚地告诉我:赫瓦托娃夫人彻底成为过去,现在这位完全替代了她。

但我很快又觉得自己恐怕想歪了,显然这位女士太过年轻。更何况我的丈夫一直在说这对夫妇如何地恩爱,如何地令人愉快。突然他说:“你知道的,我邀请了他们,他们这周六会来家里做客。”

我很惊讶莱奥什忽然变得如此活泼快乐,他忽然对我很友好,竟然又开始邀请朋友来家里做客。

“可我想我还是离开的好。”我说。

“噢,不,你不能走,你必须待在这儿,我跟她提过你,她想见你。”

我该怎么办?我苦苦琢磨着该怎样招待这两位贵宾:在那个时候,生活资料十分匮乏,哪儿的情况都一样。我没有工作,没有收入。不过当周六来临,我的丈夫迫不及待地去车站迎接贵宾的时候,我还是尽量把这个聚会打理得体面漂亮。我在阳台见到了他们,很典型的犹太人。尤其是斯托塞尔先生,虽然身穿军队制服,但看起来很像一个红头发的波兰犹太人。那位妻子不停地向我就此探访和打扰表示歉意。我想她看起来很友好:年轻,令人愉快,任何人都可以和她愉快地交谈,她总是笑个不停。她中等个头,皮肤黑,卷发,像一个吉普赛女人,大而突出的黑眼睛,一个像赫瓦托娃夫人的“大眼睛赫拉”。眉眼深而厚重,漂亮的嘴。声音不太令人愉快,尖锐刺耳。她的丈夫神态坚毅，比莱奥什要高出许多，略红的头发，很有教养。斯托塞尔先生在普热罗夫的军队供职，因此能在物资上获得些许便利。夫妇俩一直表示愿意帮我们家解决食品供应。有一点我可以肯定，是他们给我们可怜悲伤的寂静带来了欢笑和趣味。我们在花园里喝茶，莱奥什忙着招呼她，斯托塞尔先生对于他太太能获此待遇喜出望外。她开始拾杏树的叶子。她站在梯子上，莱奥什在底下看着她，全然不顾邻居奇怪的眼神，莱奥什看她的眼神十分热烈。她总是很热情，看着我们家里的东西什么都好，只要不是我的，莱奥什总是很高兴把东西送给她。我看到她对一个古旧的、民族风味的盘子着了迷，便送给了她。卡米拉立刻对我承诺会送我一件短夹克作回礼。

……

后来我们有机会一起乘火车同行，路上聊了很多，便因此也对她了解了更多。她是一个捷克犹太人，父亲曾是在皮塞克最早操持屠宰生意的屠商，后又经营马匹贸易。战时她和丈夫过着一种依靠黑市交易的生活，斯托塞尔放贷给政府官员，他们因此有很好的关系网。虽然丈夫很聪明，但是妻子却是完全称不上有头脑。她对我说她不喜欢上学读书，也不喜欢学新东西。这一点完全切实可信，因为她的来信拼写错误百出。在音乐方面，她更是无知，把莱奥什的作品称为“你的那些音符”，而且她从来没有听说过瓦格纳。文学方面也好不到哪里去。有一次她写信给莱奥什：请寄给我短一些的，有快乐结尾的爱情故事为好。她用自己的快活、笑声、急躁的脾气、吉普赛的外表、丰满的体态赢得了我丈夫的宠爱。可能还因为她令莱奥什想起赫瓦托娃夫人，虽然卡米拉完全没有那位夫人的魔力与手腕。她完全是自然的，甚至是不受管束的。人们不能说她赢得了我丈夫的心，因为她从未试图这么做过。她从不把我丈夫的那些所谓的名望声誉放在眼里，有时候她对他简直是言辞尖刻粗暴，有些时候她又觉得他很可笑。我们一路上聊得十分愉快，在普热罗夫我们依依道别，她的丈夫来车站接她，并送来了之前承诺过的短夹克。……

——兹登卡·雅纳切科娃：《我的生活》(1935)

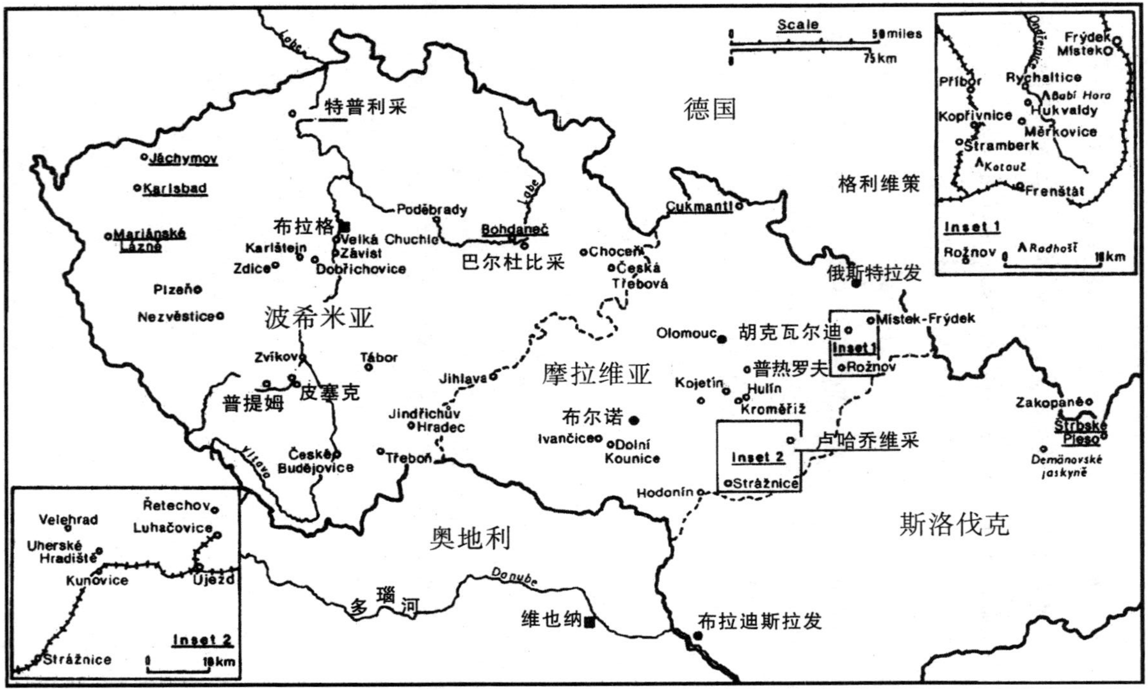

1918年前后的波希米亚和摩拉维亚

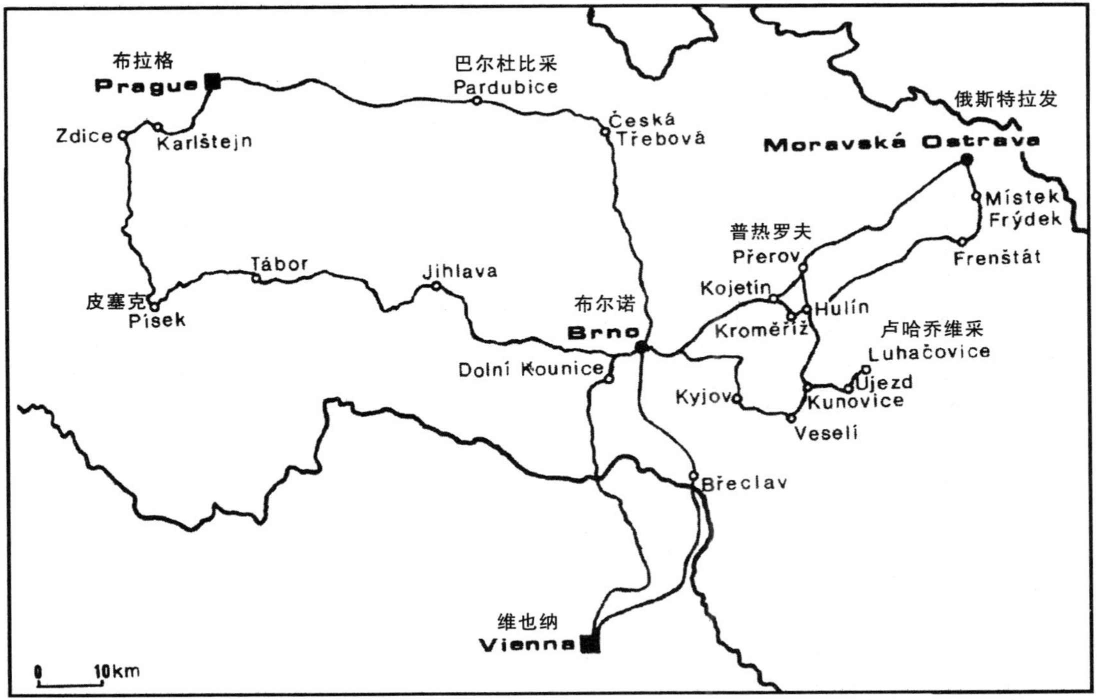

雅纳切克出行最常采用的铁路线路

 *1854—1928*

卢哈乔维采，1917 年 7 月 16 日（No.1）①

尊敬的夫人，

请接受这些玫瑰花，它们代表了我对你无限的尊敬。你是一个那么可爱的人，有着令人愉快的个性，你的陪伴让人精神振奋；你的呼吸温暖着人心，你对这个世界如此充满仁慈，人们只能用美好的事物作为对你的回报。你无法相信我是多么高兴遇见你。

一个快乐的你！所有的一切都更使我强烈感受到自己孤寂、痛苦的命运。

请想着我，就像你将永远停留在我的记忆中。

全身心地，

莱奥什·雅纳切克

---

① 雅纳切克写给卡米拉的信保存在布尔诺的摩拉维亚地区博物馆音乐部，本书中雅纳切克信件的序号按照博物馆的原有编号，也是本书所依据的英文本 *Intimate Letters, Leoš Janáček to Kamila Stösslová*（ed. and tran. By John Tyrrell, faber and faber, 2005）所采用的编号。

雅纳切克在卢哈乔维采。他将此照片寄予卡米拉，背后写道："我们曾经一起散步，人们都羡慕我们，你一路都在诉说你幸福的家庭生活，而我却一直倾诉我的不幸。"（1917 年 7 月 24 日信，编号 2）

卡米拉致雅纳切克，普热罗夫，1917 年 7 月 31 日

感谢您的来信。我们一家都已安全抵达，我希望我们星期六能如约到访。每个人都很惊讶我看起来气色这么好，还有我晒得真黑。我明天不得不去一趟维也纳。我同样很怀念卢哈乔维采的时光，但我并不知道还会怎样，既然每个人都不得不回到他原来的位置。

 *1854—1928*

向你们致以深情的问候。

卡米拉和 Dori①

布尔诺,1917 年 8 月 7 日（No.5）

亲爱的女士,

自从你们离开以后,我的夫人总是觉得这里空荡荡的。

你是一个可爱的孩子,虽然经历过世间的一切,然而却不知世事的险恶。你只愿意生活在家庭的仁慈与爱中。你快乐,只是偶尔会有些寂寞。请保持下去:你那温柔的小心灵已十分富足。如若过多,你的身体将承受不了。你必须学会控制你自己,别让自己的感情如此狂野地暴露在外。

给自己释放的出口,寻找某些不一样的方向;审慎地阅读并仔细地观察你的生活。

……

瞧,我又在跟你说教了,我只是希望永远看见一个健康的、美丽的和快乐的你。

向你的丈夫问好,写信说说你们的旅行。我将于周日(8 月 12 日)抵达。……

---

① Dori,指的是卡米拉·斯托斯洛娃的丈夫大卫。

位于卢哈乔维采中央广场的标志性建筑，带有独特的摩拉维亚民间建筑及捷克新艺术流派的混合设计风格

布尔诺，1917年8月10日（No.6）

你寄来的那些明信片真是棒极了！它们就像无声的话语，一首无字的歌。

……

我还在房子里待着，你能相信吗？早上我在花园里慢条斯理地闲逛；下午的时候，一些创作主题很有规律地出现在我脑海里，这次是关于“吉普赛爱情”①那些美丽的小诗。或许

① 信中用“吉普赛爱情”指称雅纳切克计划创作的作品《失踪者日记》。

它们能诞生出一段浪漫的音乐旋律，另外，我还将夹进一些来自卢哈乔维采的情绪①。……

布尔诺，1917 年 8 月 13 日（No. 8）

亲爱的女士，

在回来的路上，首先想起的就是你，和你那“不拘礼节”的家庭氛围——任何一处都很可爱真诚。拜访就这么结束了，我很悲伤。

哎，生活不总是有趣的。

……

明天我将继续我的行程，去更远的地方，但是请相信我，我旅行的时候就像一座将熄的火山。向你的好伴侣——你的丈夫——问好。如果他能从我这儿拿走 15-20 年的年龄，我愿意拿我的腿交换。这世界没有白拿的好处，只有以物易物，只可惜这个想法没办法实现。

你们俩都要保持健康，我是那么地喜欢你们，请你们也带着一点爱把我记在心上。

带着敬意的，你忠诚的

莱奥什·雅纳切克

① “卢哈乔维采的情绪”暗示了这部作品的创作与卡米拉之间的联系。

卡米拉·斯托斯洛娃与一岁的儿子奥托，摄于 1917 年

 1854—1928

布尔诺，1917 年 12 月 30 日（No. 36）

你今天寄来的卡片让我打心底里笑了好一阵，笑得人都咳了起来。

即使我有一位如你所言那么令人愉快的妻子，我也将去布拉格旅行。

你真的认为像我这样的人只生活在面包和创作的安慰之中吗？

你真的以为一个男人，一个捷克男人，一个捷克作曲家只能端坐在火炉边吗？难道我们不应该拥有文化的光辉，艺术的富足，即使我们在这个世界中是如此渺小，却依然可以因此而成为“一流”？你，善良的心灵，是不会明白的。你有一个快乐的家庭，对于你已经足够了。而我即便拥有了快乐，也从未停止对精神滋养的渴望。我想在这个方面我将或多或少地“感染”你。……

布尔诺，1918 年 1 月 7 日（No. 37）

在你一家人的陪伴下，我度过了阳光的一天，可爱的、愉悦的、宁静和温暖的一天。在这样的氛围中,我觉得自己重返人间。尽管要早起和晚归,我还是很高兴能去看你。回去的火车整整推迟了一个小时,抵达布尔诺的时候已经是12点整。车厢里很温暖,乘客也不多,所以你完全没有必要担心,旅行并没有那么糟。

首先,还是让我感谢你的热情款待。不过我不能再接受这些馈赠了,除非你愿意来这儿做客,让我回报你。

这里有两本给你的书等人来取,等你读完之后会有其他新的送来。不管怎样,依照你的愿望,它们都是些我并不了解的“充满激情的爱情故事”。其实还是可以读一些其他东西的。[1] ……

布尔诺,1918年1月22日(No. 38)

请无论如何答应来维也纳。

你有一件晚礼服,不需要一件新的。

---

① 起初,雅纳切克试图通过劝诫让斯托斯洛娃改变一些阅读习惯,这个努力很快就宣告失败。之后他们就不再提及阅读的事情,雅纳切克似乎也不再干预斯托斯洛娃。

音乐会日期应该是2月2日①。

你的到来将带给我快乐。兹登卡当天需要陪伴其他人，所以不大会陪在我身边。……

布尔诺，1918年3月16日（No. 43）

一个错误！从维也纳回家之后我一直在等你的反馈，但没有任何消息。……

《耶奴发》在维也纳上演六场。薇特夫人病了（她在维也纳版《耶奴发》中饰演 Kostelnička 一角），去了瑞士并要到复活节（?）才回来。因此，现在也是《耶奴发》的休整期。

不过请相信我，我总是被一堆剧院的事情追着。整整四个星期，就只是为了印刷那些评论。但是一个人要是只被芳香围绕是不够的，你说是不是？……

---

① 雅纳切克提到的这场重要音乐会是《耶奴发》在维也纳的首演。由于当时年轻的皇帝卡尔及皇妃计划到现场参加音乐会，成为超越音乐的政治事件，引起极大的关注。音乐会实际在2月16日举行，由于皇后怀孕，两位皇室贵宾最后均未能到场。由于音乐会本身涉及的到场嘉宾人数众多，作曲家本人不可能为自己的所有亲朋好友都预留座位，但是卡米拉却享有最高的优先权，她适时地出现在了音乐会现场。音乐会结束后，卡米拉并没有及时向雅纳切克表示感谢，这让作曲家觉得受到了冒犯，十分恼怒。

卡米拉致雅纳切克，普热罗夫，

1918年3月18日

敬爱的大师，

我收到了你的来信。信中没有提及我回到维也纳后给你写的那封信。……我很高兴自己能享受那段时光。在这里，我的穿着打扮可能还能争个第一，但是在维也纳，我保证自己一定是黯然失色的那一个。但是我也发现自己和那些名媛贵妇们是平等的。可这对我有什么意义呢？您需要休息，而这不仅仅在我们陪着您时才会找到。对于那些评论，我觉得它们都非常好。既然我在维也纳花了这么多钱，而你此次的收益都可以买房产了，对此你也应该会满意。……

卡米拉在普热罗夫家中与小盆栽的合影

1854—1928

布尔诺，1918 年 4 月 15 日（No. 48）

你在照片中总是和那棵小树在一起，看起来美极了。这真是一个好想法。不过我在琢磨，你不在普热罗夫的时候谁来照顾这棵树？

你看起来很好，显然你什么都不缺。你永远不知道我有一颗多么沉重的心。

这么生活着，如此孤独，将自己关闭起来，对于这个世界没有其他什么意愿，也没有诱惑可言。我不可能支撑很久。

尽管拥有全部的荣耀和成功，我发现自己是最不快乐的人，像是命运的笑柄。

当你在家时，你拥有温暖的小巢，一个好丈夫，时常闹些小麻烦的孩子，但拥有更多快乐。和你比起来，我有什么呢？

我只能用工作麻醉自己，消耗时光。我将自己抛入艰难的任务以忘记那个居住在我躯体里的**另一个人**，他总是想成为一个热心肠的人却不能真正做到。

这就是我的命运。

你现在可以想象去年在卢哈乔维采，当我忘却这一切时，我是多么地快乐！我真的很喜欢快乐的人们。……

卡米拉与儿子鲁道夫，身着地区民族服装。这张照片于1918年6月送予雅纳切克

卡米拉与丈夫大卫·斯托塞尔的合照，摄于1917年

布尔诺，1918年7月28日（No. 75）

……今天我给侄女回了一封信，她应该保存这封信。她来信跟我描述你和她一起散步，说你“为兹登卡的命运”哭泣。她还说你向她炫耀，成功地阻止了我接近你的身体。之后，她

还附带着说我和 Bogucká① 有染。

有一件事情可以肯定，我绝对不会让这种诽谤再次发生。

看来我是在卢哈乔维采被好好地“展出”了一把，但是我想我没有做任何不光彩的事。

如果说我比其他人更加热情，那只是因为我拥有苦难。如果我显得多余，就请原谅我。我相信与你、与你的丈夫是最真诚的朋友，这也是为什么我总是设法抓住有你们陪伴的时光。

胡克瓦尔迪，1918 年 8 月 5 日 (No. 77)

我们早上六点从布尔诺出发，晚上七点半抵达。我真是受够这些旅行了！

周日晚上，一场可怕的暴风雨出其不意地到访，今天(周一)雨结结实实地下了一整天。不过这里真的很美，我在雨中散步；路很好，没有一点泥泞。

你自己可以看明信片，这里比卢哈乔维采要漂亮。可能

---

① 信中提到的 Bogucká 是 Marja Bogucká(1885-1957)，布拉格国家歌剧院的主要女高音。她本人在雅纳切克的通信中出现的几率很低，因此说“有染”不太可能。雅纳切克的侄女薇拉·雅纳切科娃似乎是一个典型的矛盾制造者。后来的一些信件证明她这么做的动机主要是为了阻止她的伯伯与卡米拉来往，阻止卡米拉从中得到任何经济利益。她的几次干预都令卡米拉产生了顾忌，而对于雅纳切克却没有丝毫影响。

在这里真能放松下来。在城堡附近有一个游乐公园，里面有成群的小鹿。你可以靠近它们，它们有像铲子一样的鹿角。公园里还有一个种马场，大概六十头的一群安达卢西亚马，它们在这里无拘无束地吃着草。这些小路修得很好，可以走上几个小时，路旁摆放着长椅。在第二张图片中你可以看到村庄的样子；兹登卡住在教堂附近，我则住得更靠近下面一些，和守林人住在一起。我想念着你，这里有其他地方所没有的治愈病痛的功效。要是今年夏天不可行，可以考虑明年来。坦白地说，来这儿并不方便，但还是可以实现。加上我的姐妹，我们每天要消耗5升牛奶，1升需要花90赫勒①。用这些原料我们做了一些黄油。新上市的番茄1公斤1克朗，一只烤鸡10克朗。蘑菇也开始生长成熟。肉类食品，我不得不去邻近的城镇米斯泰克（Místek）购买。可能我还得设法去酿酒厂拿一些“真正的”浓啤酒，这是摩拉维亚地区最古老的一家酿酒厂。

漫步至“古堡”，坐在至高处（其实不算很高），真是壮观极了。太阳升起的时候，是那么地温暖，仿佛离阳光很近。还有这里的空气！它有树脂的味道。如果我对你拥有权力，那么我将马上把你带到这里，为了你的健康。这里的水是泉水，当地的人把它称作“圣泉”。

山间的溪流在古堡脚下流淌。说不定我会看见鳟鱼们在水中跳跃的样子。这里有很多水果，田间种着玉米。而现在

---

① 赫勒为捷克的货币单位，昔德国之小铜币。

下着雨。

今天，守林人带来一大堆从田里收成的卷心菜，洗干净后它们有7公斤。兹登卡让我告诉你她很快会给你写信。当然她肯定不会和我写得一样多。我知道你不会给我寄信，我没有其他选择，只能等着，直到你忘记我那些“粗鲁的言辞”。我不想再提这些，不过它们对我的伤害要远超过你。……

胡克瓦尔迪，1918年8月10日（No. 79）

……

我称赞胡克瓦尔迪不是因为我是这里的荣誉市民，也不是因为我出生在这里。我赞美它是因为在其他任何地方找不到比这里更纯净、更健康、更好的空气，而且在炎炎夏日，这里的太阳没有那么毒辣。

在这里，我找到了平静。我有时会工作，到了晚上，便坐在椴树下凝望森林，直到夜晚把森林整个儿盖上。寂静在每一棵树下进入梦乡。早上公鸡把我唤醒。他唱的旋律很奇怪，我总是不能把它很好地用符号记录下来。……

布尔诺,1918 年 9 月 2 日(No. 82)

……我的吉普赛女孩不能取“卡米拉”这样的名字实在太糟糕了。所以我不想继续创作这部作品了。

我不能理解为什么你不写信给我。

对你,我没有做错任何事,也不奢求从你身上得到什么。我真的不明白。不过无论如何我都会继续给你写信,因为卢哈乔维采最美的那段回忆,1917 那一年。

除了回忆,我一无所有。好吧,那就让我居住在回忆里。……

巴尔杜比采,1918 年 9 月 9 日(No. 85)

因为没有其他人可以读到我的这些文字,所以我写信给你,但它们似乎也从未被人读过,因为没有回音。这就像石沉大海,好像我是在跟自己说话,觉得自己很可怜,给自己加油打气。

我一直期待有一整年的自由时间,这个想法并非今年才有,而是我一辈子都有这样的念头:有一整年的时间,我只为自己自由的感受而活，到一个可以忘记一切压抑的地方。我可以认识一些新的朋友，和他们保持距离或者爱上他们。在那里，我的眼睛将只看见我想看见的事物。我的假期用得一干二净。我向当地的朋友告别，带着忧伤的情绪在公园的夜晚漫无目的地游荡。

在卢哈乔维采，我与世隔绝；在胡克瓦尔迪，我寻求孤独；而在这里这种情绪更甚，我花上几个小时，呆坐在干涸鱼塘边的高墙上。即使有恶鬼从水塘里钻出来出现在我面前，也不会吓着我。我情绪低落的唯一理由只是一种遗憾，我再也无法忍受下去。我了解我自己，我不能忍受任何肉体上或者灵魂上的邪恶、丑陋。难道喜欢美丽、美好的事物很奇怪吗？

我一直想着你。我说过你很美，并不仅仅因为你的外表打动了我，更多的是你的性格，你美好、自然、开放的态度。

我一直在反省自己，对于你，我是不是曾犯下严重的错误，可是我一个都找不到。我只是很难过，因为那个轻视我的人是你。我只想说你已经毁了我的假期。不过，就让它坠落吧，像石沉大海般，不被阅读，没有回音好了。

布尔诺,1918 年 12 月 2 日(No. 94)

这里再次恢复墓穴般的宁静。那个黑头发的、喋喋不休的人不知去了哪儿。

无论是志趣方面还是日常活动的内容,我们之间的差别如此之大,不过这也是我喜欢聆听你声音的理由。……

斯托斯洛娃一家致雅纳切克和兹登卡,普热罗夫,1918 年 12 月 3 日

亲爱的朋友,

我们愉快地回到家中,除了有点冷,旅途相当愉快。

我们再次感谢你们的善意款待,很愉快,食物也很美味。最美好的是看见你们满足的表情,阳光再次照进家中,至少比上一次我们去的时候更为温暖一些。

也就在这个时刻,在你们的陪伴下我忽然觉得自己仿佛是你们的女儿。……

 *1854—1928*

胡克瓦尔迪，1919 年 8 月 11 日（No. 127）

真是太不走运了！它既非金银般珍贵，也不好看，只是一个扭曲的、便宜的、甚至有损伤的戒指①。虽然我不得不总是修整它，但现在它丢了！

我抵达后的第二天，我看着手指依然有戒指的压痕，但是没有戒指。可能是我进出车厢的时候它掉了，当时我光顾着沉重的行李。说不定现在有人正戴着我的“幸运指环”！我想你的良心和怜悯一定会为我的坏运气想办法，给我一个新的“幸运指环”——更好的，更牢固的，与你我更相称的戒指。我向你保证会将它保存得很好，至少十年到二十年！

相信我，这场意外令我十分烦恼。

这里也时常下雨，不过天气渐渐暖和，已经可以在户外读书。这里没什么东西可买。我找了半天，才买了四只瘦小、品相糟糕的小鸡，而我要用这些对付两个星期之久。没人卖给我东西，除了每天必需的一升牛奶。我想对我来说足够了。

但我在这儿还是感到自在，对出生于这儿的人来说，所有

---

① 雅纳切克手上戴的一枚戒指在前往胡克瓦尔迪途中丢失了，他去信要求卡米拉给他送去一枚新的“幸运指环”。卡米拉照做了。她送与雅纳切克的这枚戒指，作曲家一直戴到 1925 年 7 月。

这些都是温暖的。我不觉得自己在异乡。

我希望在这里有自己的家。猪圈里有头猪,鸡窝里有群鸡,一只猫,一条狗,一头山羊,还有一个可以说话的人。……

卡米拉致雅纳切克,皮塞克,

1919 年 8 月 20 日之前

我寄给你一枚小戒指,刻着我的名字。你一定会喜欢它,重要的是这枚戒指曾给人带来幸运,之后传到我手中陪伴了我十年,也给我带来了幸运。只是它总是会缠住我的头发。希望之后的十年、二十年、甚至三十年它同样会给你带来好运。……

布尔诺,1919 年 12 月 5 日(No. 145)

……我刚从剧院回来。他们上演《蝴蝶夫人》,最美丽也最忧伤的歌剧。你的形象不时地出现在我眼前。蝴蝶夫人也很娇小,有黑色的头发。你永远也不可能像她那么不快乐。……

歌剧扰乱了我的心。当年作品刚刚上演,我是在布拉格看的。直到现在,其中很多地方依然深深地打动我。

 *1854—1928*

布尔诺，1920 **年** 1 **月** 9 **日**（No. 150）

……你的礼物，装饰着缎带，摆放在我的书桌上。

我工作的时候总是用钢笔，用它书写感觉非常愉快。每个人都被我拉过来看它一眼。用这支银色的钢笔，我一定不写那些平庸之作。当把它握在手中的时候，我知道将写出一些特别的东西。……

我已经开始新歌剧的创作。故事的主角是一个女人，生来温柔，沉浸在伤痛不幸的自我思绪中。一阵微风就能把她带走，更不用说将有一场暴风雨降临在她身上。……

布尔诺，1920 **年** 1 **月** 24 **日**（No. 153）

……剧院方面已经开始进行乐队部分的排练。这标志着首演的日子越来越近。我参加了关于舞台装置的会议。到时候，天上的月亮，所有一切都将是苍白的蓝，还有银色的光。大家都说场景设计得很美。但愿我的音乐能为人所喜爱。

……

特别提醒：《布鲁切克》的首演将在 3 月 1 日至 15 日期间。

布尔诺，1920 年 2 月 23 日（No. 160b）

我愉快地工作着，专注于我的新歌剧。

我一直跟自己说，这个主角，年轻的女人是如此温柔，我真怕当太阳笼罩她时，她会融化，甚至会化作水。①

你明白的，那么温柔，脾气好。

布尔诺，1920 年 2 月 29 日（No. 161）

……你是一个那么实际的、节俭的小东西，朝气从你身上飞跃而出；你的步伐和你双手交叉在胸前的样子充满了新鲜感与活力。你知道如何同时与三个人对话，并且总不会在对话中遗忘自己。你怎么会像一个病了的孩子般对他人唉声叹气，当世界需要你的丈夫远行时你又呜咽着央求你的丈夫回来？让他去吧！他不会离开你的。……

---

① 雅纳切克在文中描述女主人公的字眼和他曾经描述卡米拉的方式很相似："你是一个那么温柔的孩子，总是想被包裹在棉絮中，需要被抚摸、被纵容。"几个星期以后，雅纳切克试图用另外一种方式描述卡米拉。

［那年夏天他们再次与卢哈乔维采之约失之交臂，雅纳切克与卡米拉的联系也变得少之又少。1920 年，雅纳切克从胡克瓦尔迪寄出一张明信片，提到他被正式任命为布拉格音乐学院的教授。这实际上是一个闲职，不过同时也解除了雅纳切克担任布尔诺音乐学院主管的那些繁重的行政工作。现在的作曲家终于可以全身心地投入创作。］

布尔诺，1920 年 3 月 12 日（No. 163）

《布鲁切克》将于 4 月 6 日至 10 日在布拉格上演，也就是复活节过后。

从 3 月 21 日起我将在布拉格待上几天，之后从 4 月 6 日起我将一直在布拉格。你可以根据我的行程计划起来。

……

你知道布鲁切克是谁吗？

一个非常普通的家伙，他抱怨整个世界，把自己的人生沉溺在一杯啤酒中。他和地球上任何美好的事物都毫无关联。

你会问："你的歌剧为什么要选这样一个人？"

因为我想让每个人都因为他而感到作呕，让他成为一个笑柄，一个警告！

在俄罗斯世界也有这种"没骨头的"人，他被叫做奥勃洛莫夫。每两个俄罗斯人中就有一个奥勃洛莫夫，看这家伙已经把他们引领到什么地方了！现在那里正进行可怕的“大清洗”，血流成河。

所以我要揭示布鲁切克，让他成为一个警示。其实在我们的国家也有很多、很多布鲁切克，他们存在于各个角落。

他们只知道吃。

所以这次我亲爱的布鲁切克又喝得醉醺醺，跌倒在赫拉德卡尼的某个角落，他梦见自己正朝着月亮飞去！

在那里，他落了下来。噢，太可怕了！在那个世界里，人们只需要闻花香就能饱足。所以他们就只给布鲁切克闻花香，甚至当地的一个“月亮姑娘”爱上了他！她们是些无血的生物，犹如薄雾的身躯。

嗯，我们下次再继续说。……

布尔诺，1920年5月6日（No. 165）

……我之前很平静，在整个剧目①排演过程中人们对它似乎都不怀善意，甚至没有听到一句温暖的话。对演出，我心有余悸。尤其是演出前的最后一次彩排，整个剧院坐满了观众，对于整部作品的反馈几乎可以说是冷酷无情。坐在那儿的究竟都是些什么人？而这是目前为止我写过的最好作品，可以

① 指歌剧《耶奴发》。

肯定它将随着时间的推移越来越受欢迎。

我看到这部作品的成功与我之前的作品是如此不同。演出开演前我就想离开剧院。

随着演出的推进，人们越来越喜欢那些曲目，之后观众爆发的掌声犹如风暴。

他们在报纸上称我为捷克最重要的、位列第一的歌剧作曲家，但瞧瞧那口气是多么不情愿啊！我在布拉格待了两个星期，但相信我，这个地方对于我而言是全然的陌生，在这里任何人都不会关注我。

卡米拉的两个儿子，四岁的奥托与七岁的鲁道夫。1920 年 6 月 8 日，卡米拉将这张照片寄给了雅纳切克

即使在令人有些困惑讨厌的维也纳,《耶奴发》开演前一个月他们也会在新闻上大量地进行作品推荐介绍！这里呢？整个演出期间一个字也没有！难道他们不能以某些方式告诉观众即将在剧院上演的究竟是什么吗?！他们顽固不化地沉默着。相信我,在这里我用冷酷对抗不幸的布拉格！……

布尔诺,1921 年 2 月 14 日（No. 170）

该怎么给你写这封信？

我不敢相信兹登卡竟然写那样的信给你。

不管怎样,她比任何人都清楚明白。她和玛拉从不敢在我工作的时候进入我的房间。

当我工作的时候,我必须阻止任何出现在门口的人和事,不管是什么人,也不管出现任何突发的意外事故。

假如有一只恼人的苍蝇碰巧在这个时候进入房间嗡嗡作响,我也不可能忍受。

如果从隔壁房间传来莫名的脚步声或者沙沙声,那也会吵到我。想要打扰我?！我会气炸的,我将很生气,无法忍受。这是创作工作,坦白地说,好比一位母亲正生着孩子,可有人想阻止她。

就好像你不得不呼吸而有人却塞住了你的嘴;就好像你需要这土地,可是却有人想把它从你脚下移开。我知道兹登卡因此备受折磨。但我已经就此多次警告过她不要越雷池。她很欠考虑地将她的父亲接到布尔诺。我自己也有一个可怜的、不幸的母亲,她却不能和我住在一起:但这一切都不是我的错!

当然,这事和她父亲没有关系。这关乎我,关乎我的整个儿存在,我的创作生活,我的作品,关乎我创作过程中所有最朴素的快乐。获得家庭和平与宁静是如此之难,我并不是在乎那些创作带来的慰藉,而是我整个精神上的平衡。

我不会阻止兹登卡照顾她的父亲,事实上她更需要照顾的是她自己。她承担了本该属于一个儿子的责任。……

布尔诺,1921 年 4 月 30 日 (No. 172)

……在布尔诺,他们将上演我的《失踪者日记》,它很受欢迎。布洛德博士①听后,在布拉格和柏林的报纸上为我高唱赞歌,这些文字搅得到处天翻地覆。我曾经幻想把以下的画面作为即将出版的这部《日记》的封面:你的头像,你的头发,垂顺着……

① 马克斯·布洛德(Max Brod,1884—1968),捷克犹太作家、作曲家,卡夫卡的朋友,为雅纳切克撰写过乐评和传记,和雅纳切克有交往。

布尔诺，1921年5月23日（No. 173）

……《卡塔·卡芭诺瓦》，我最新的一部歌剧将在布尔诺上演，甚至可能还会在布拉格演出。但是我对布拉格的剧院实在没什么想法。……

对我自己，我能说什么呢？你知道我为自己在梦里搭建了一个世界，我让属于我的、可爱的人们居住在我的创作里，就像我希望的那样。纯粹的，虚构的幸福。而你，至少在某些时候拥有真正的快乐，真实的幸福，还有笑容。但是我呢？当我完成作品时，甚至是这部心爱的《卡塔·卡芭诺瓦》，依然觉得悲伤。似乎我正与某个亲爱的人告别。……

布尔诺，1921年10月29日（No. 187）

……请来参加布尔诺的首演：我可以保证每一个细节都将十分美妙。

你知道吗？战时我在卢哈乔维采与你相遇，第一次看见一位女士如此深爱她的丈夫，我依然记得你的眼泪，它是我之所以提笔创作《卡塔·卡芭诺瓦》的原因。

如今这部作品终于完成了，我诚挚地邀请你到来。

对于礼物，兹登卡很感谢。既然果仁大丰收，你们那儿一定总有些东西可以不让嘴闲着。

胡克瓦尔迪，1921 年 12 月 28 日（No. 189）

我在山区里，冬天的山区。独自一人徘徊，如此伤感。至少我希望在某处与你不期而遇，像那时的卢哈乔维采。

我坐在“自己的屋子”里，但若是想要温暖的幸福，它无论如何是不够的。

我从人群中逃开。这并不太好。不过又能和谁说上话呢？

我渴望与某个人对话，无需言语的对话。在她那里我可以放松下来，重新获得力量。

我逃到了这里，现在想来更应该从这里逃开。你真的不想到卢哈乔维采来吗，不论今年或者明年？

……当我经过普热罗夫，我似乎依然可以听到你如铃般的笑声，你把它们留在了那里。

胡克瓦尔迪，1921 年 12 月 29 日（No. 190）

昨天我写了一封太过哀伤的信，眼泪就这么流淌着！不过今天完全不同。

在精疲力竭的工作后放松一下。

这里好像已经到了春天。干燥的路面，到处都看不见生物。这正合我意，我可以长久地漫步！

星期六，也就是新年除夕那天，我将出发完成签约。

你知道我的屋子是什么样儿吗？

我将尽可能地画下来给你，我并不是每件事都在行。

在房子的前面，路边有一个巨大的鹿园，里面有一座古堡。溪流之上，是茂密的森林："外婆山"。到处都是漂亮的、干燥的小路。

是不是很漂亮？

我希望你什么时候过来亲眼看看！

我很吃惊自己竟然能把它画得这么美。你的鲁迪一定可以画得比我好。

卡米拉致雅纳切克，皮塞克，1922 年 1 月 2 日

敬爱的大师，

你的两封信我都收到了。一封充满忧伤，另一封都是手绘的插画。你的假期结束了？你简直是一个专业的画家！……

因为要为二十个孩子办“茶派对”，所以我有很多工作要准备。每人一块圣诞蛋糕，一份小礼物，总之我有一整个救济院需要照看。我的丈夫回来了，并带回了留声机，我想我不应该觉得孤独才是。如果你觉得忧伤，你为什么不过来和我们一起住上一阵？在这里你一定会愉快许多。……你信中提到让我过去看看胡克瓦尔迪的房子，你为什么挑选那么远的地方？我丈夫今天将离家，可能会离开很长一段时间，不知道新一年该怎么开始。不过最主要的是，我们都会好的。……我从没有想过我们可以这么长时间地通信，成为这么好的朋友。……

布尔诺，1922年1月15日（No. 192）

……你知道，我从来都不喜欢跳舞，从来没有跳舞的愿望，我从不跳舞。

……

这么说，你有了一个留声机！如果你早就听我的建议学习演奏钢琴，那么你现在应该能弹得很不错了，这样就能打发烦闷的时光。

你很快就会对留声机感到厌倦的：它总是坚定无情地以一种方式转动：你哭的时候它播放着笑声，你笑的时候它却唱着泪眼婆娑的调调。那是一个无情感的木偶，不好看的家伙。……

我亲爱的朋友啊，我把全部内心的沮丧、压迫都告诉了你，我便觉得卸下了一半担子。

布尔诺，1922年2月10日（No. 193）

……我已经开始创作《狡猾的小狐狸》了。一个快乐的故事，一个悲伤的结局：就像我一样，给我自己一个悲伤的结局。

 1854—1928

我是如此属于那里！

布尔诺，1922 年 2 月 25 日（No. 195）

现在你有《卡塔·卡芭诺瓦》的乐谱①了。创作这部歌剧的时候我需要感受一种伟大的、无法衡量的爱。当你回忆起和自己的丈夫在卢哈乔维采的那些美好日子，眼泪顺着你的脸颊滑落。它们触动了我。创作过程中我总是把你设想成卡塔·卡芭诺瓦。

只是，她的爱情朝不同的方向走去，但不管怎么说，这是伟大的、美丽的爱情！

布尔诺，1922 年 3 月 18 日（No. 197）

……此刻我才摆脱自己的坏脾气，其实是一种疲惫的情绪。我一直在琢磨作品“小狐狸”②，根本没有时间想自己的事。

---

① 雅纳切克曾向卡米拉提到《卡塔·卡芭诺瓦》的声乐谱即将出版，他给卡米拉寄了一份，说“在创作《卡塔·卡芭诺瓦》的时候，你占据了我大部分思绪”，以此作为纪念。

② Liška Bystrouška，意指尖耳朵的狐狸，捷克语。

如果你也有一些严肃认真的事情要做,并且占据绝大部分时间,说不定你也会像我一样,因此渐渐摆脱坏脾气,或者坏情绪。我想见你,不知道是不是可以在复活节期间实现(4月23日)。他们已经邀请我担任一个在布拉格举行的歌唱比赛的评委,时间是在4月16、17、18日。如果我能去你那儿,我会提前告诉你。……

卡米拉致雅纳切克,皮塞克,1922年8月25日

……您十分清楚我为什么不想待在您的住处。我对于上次发生的事情依然无法忘怀。我们为什么要彼此伤害,何况这些都是不必要的伤害。我之前已经下定决心不再给您写信。不过,有一句老话说"旧情难了",即使在你我之间没有爱情,只是清清白白的友谊。我的丈夫总是远行,他总是有做不完的事。……

胡克瓦尔迪,1922年8月27日(No. 201)

你竟能恼怒、沉默这么长时间吗?相信我,你早已令我的假期悲伤不已。这与假期本身无关!请相信我,我需要你的唧唧喳喳,需要你的潦草笔迹。就像干燥的天气需要雨水,黎明需要曙光,天空需要星星一般。是的,最后一个比喻最好。要是没有小星星,天空还算什么?!

你就是我在夜晚寻找的星星。出于爱情吗?出于真诚的友谊。因此你不写信我将非常难过。

你懂的,不是吗?从某方面说,我对世界并不感兴趣。而今年的卢哈乔维采尤为令人伤感。

不要误会兹登卡,我们永远很乐意看见你。不要因为她有一些不必要的小妒忌就大惊小怪。她知道你总是在我心里。写信告诉她你都去过哪儿。

亲爱的卡米拉女士,请将您没做的这一切都弥补起来吧!

布尔诺,1922年9月30日(No. 204)

……很高兴终于从我的胡克瓦尔迪隔离区"逃离"出来了。我把梨儿、苹果儿和李子们留在了树上。

不过我还是做了10公斤的蜜饯李子,榨了25升苹果酒!

我很高兴我们能彼此朋友般地坦诚诉说。这真是理想的朋友关系,我很高兴它是那么纯洁,而一切糟糕的事情都将变好。

将我自己,包括我的所思所想,我的渴望,我的内心生活没有丝毫顾虑地向你袒露。因为我相信将它们放在你的心中与藏在我的心里一样安全。

你不会明白如果失去你我将会有多难过，哪怕有时候我们会几年都见不上一面！……

卡米拉致雅纳切克，皮塞克，1922年10月12日

……我必须告诉你，这星期我无意中又翻出你寄来的第一封信。我们相识已经有这么长时间了，只是我们几乎并不相见。现在我们之间相隔是那么远。……

胡克瓦尔迪，1922年12月28日（No.214）

我将在银灰色的冬日乡间待上一周，这里到处是灰白色调，似乎连鹿儿们也穿上了银灰的大衣。

上山的路还算能通行，沿路两边很泥泞。我沿着山上上下。我正在渐渐远离那些音符，音符已经在我的大脑里旋转够了。

现在你的脑子里在“转”些什么？别担心，只是你会不会对那些反复琢磨的事觉得乏味？

布拉格正在上演剧目《马克罗普洛斯事件》。说的是一个

337 岁女人的故事。令人惊奇的是,她始终保持了年轻和美貌。你是不是也想如她那样?

你是不是已经猜到了?她并不快乐。我们快乐因为我们知道生活不能长久。我们不得不用好每一段时光,好好善待时间。我们的生活总是忙忙碌碌且充满渴望。

后者代表了我的命运。而那个女人,337 岁的美女,是一个没有灵魂的人。

这很糟糕。……

卡米拉致雅纳切克,皮塞克,1923 年 1 月 11 日

亲爱的大师,

这么说来你现在又回到家中了。你独自一人享受假期。没有一点雪,这真不像一个真正的圣诞节。我有了一件全新的漂亮外套,但今年,它并不能带给我多少快乐,因为我总是待在家中,我甚至根本不需要这样一件衣服。我丈夫于新年的第一天启程,不知道什么时候能回来。一种多么沉闷的生活啊,我都不知道怎么跟你描述。

假期的时候,我给你太太写了信(也就是圣诞节或者新年期间),但是她并没有回信,甚至在假期期间也没有回复我。或许她不写信是对的,我自己就写得很少。我也的确没有什么可写的。自从拜访了你们家回来以后,什么事儿也没有。

对于我来说,心里想的也会挂在“舌尖”,一个直截了当的人。我只是不懂得如何撒谎。又或者说别人把我错当成某种人,而实际上我不是,这样的确令我很痛苦。你不需要告诉我为什么她不给我回信,因为我不喜欢强迫他人。我十分了解我自己,或许很可能她对于你给我写信的事情有些苦恼。……

布尔诺,1923年1月12日(No.215)

我们相互通信的事实真的会让什么人不高兴吗?兹登卡并没有提及你给她写的信。因为你老是长时间不写信,所以她就想同样地让你等上一阵子。

这便是仅当自己想写信时才写信的结果。

如果我不能真诚地写信给某个人,我将会很悲伤。……

布尔诺,1923年4月3日(No.217)

好像我在维也纳不愿意给你写信似的!你竟没有收到我的长信!我在布拉格的时候寄了两张明信片给你。我到布拉迪斯拉发参加《卡塔·卡芭诺瓦》的首演,行程安排得很满,我根本没时间想起给你寄一张明信片。剧目被演绎得很美,恐

怕是我所有作品中最美的一个，甚至比在布尔诺、布拉格的演出更出色。

我被布拉迪斯拉发这个地方迷住了。在布尔诺，他们憎恨我；在布拉格，他们嫉妒我，但是在布拉迪斯拉发，他们真的喜欢我。

一座漂亮的老城镇，水流湍急的多瑙河。节假日的时候，我有一个心愿，就是可以沿着多瑙河巡游，一直到入海口，或者至少到贝尔格莱德。

你不会喜欢登上甲板的，对吗？

……复活节的时候我哪儿也没去；我深陷于《小狐狸》的抄写工作。

我的“小狐狸”是一个抓苍蝇的恶魔，当他没什么可抓的时候就抓苍蝇。

我为了森林和去年的悲伤而捉住“小狐狸”。

你还像在卢哈乔维采时那样漂亮吗？我想应该更漂亮了！

布尔诺，1923 年 11 月 12 日（No. 226）

我已经开始了全新的创作，不再觉得烦闷无聊。这次是关于一个三百多岁的美人，她的外表永远保持年轻，但是却有燃烧殆尽之感！呵，像冰一样冷酷！关于这样的女人，我应该写一部歌剧。你在信中说体重正在增加。即便如此,你看起来还是很匀称。在我的眼里,你永远是卢哈乔维采时的"她"。

……

卡米拉致雅纳切克,皮塞克,1923 **年** 11 **月** 22 **日**

……我拥有了一个不错的暖炉,不过没有 300 岁这么老。我一天到晚都坐在它边上。火炉没有像你的新歌剧那般有"燃烧殆尽"的意思。……你总是选择"热血骤然变得冷酷"的故事创作歌剧。

布尔诺,1924 **年** 1 **月** 31 **日**(No. 229)

这么多年了,你可以想象我是多么想再次见到你。[①] ……你搬出普热罗夫真是糟糕透了,否则我们倒是可以经常地碰面!

……

---

① 1924 年是雅纳切克七十大寿。他接到来自卡米拉的邀请:前往皮塞克的家中小聚。这将是 1921 年以来,他们的首次重逢。

 *1854—1928*

最近布尔诺有些热闹，你应该知道！一帮人为我和作曲家约瑟夫·苏克(Joseph Suk)举办了一系列所谓的生日庆祝音乐会。甚至连我自己都买不着票子，所以并没有出席。他们总是在那儿大声喊着，呼唤着我，而我却躲在远离布尔诺的某个地方，那白雪覆盖着的原野！

告诉我，我应该想象一个怎样的你。早晨的时候，我想象着你光着脚，走向卢哈乔维采的某个阳台，乌黑的长发散落着。

到了中午呢？我想象着你拿着木勺子站在厨房里。

下午呢？似乎你正端坐在屋后花园的长凳上，当然还是在卢哈乔维采！

现在的你一定大不一样了！快点写信告诉我是什么样的。

布尔诺，1924 **年** 3 **月** 10 **日**（No. 231）

这周六(3 月 15 日)我将出发到柏林，国家歌剧院于当日进行《耶奴发》的最后一次彩排。我将在那里一直待到周日，周一再回到布拉格，顺道去看看世界博览会，一直待到 18 日。你能过来吗？你承诺过的。你可以写信到斯米赫夫区的卡雷尔四世酒店，告诉我你的决定。

对我而言，你似乎是一颗星星，在天际属于你的轨道上运行。而我恰好是另一颗星星，沿着我应有的轨迹奔跑，想着有机会可以很快赶上那颗小星星。我不停地跑着，跑着，但却始终跟不上！我们的轨迹从未相逢。它们总是彼此相视而笑，仅此而已。

他们计划在纽约的大都会歌剧院上演《耶奴发》。这是我迄今为止获得的最高成就。我终于实现了这个高度，但是生活中的幸福却依然离我那么遥远。

其实我很想快乐起来，我喜欢能照顾我爱的人。

……我们能彼此交心，诉说彼此的焦虑与渴望是最美好的事情——在卢哈乔维采的那条小径上，那张长凳上，你拨开一丛灌木探出头。正是这些回忆令我如此渴望回到卢哈乔维采。

照顾好自己。我已经变得悲伤，有时候甚至可能连眼泪都控制不住。

[未标注时间，邮戳显示为布尔诺，
1924年6月30日](No. 237)

亲爱的卡米拉夫人，

我下笔写下的这第一个单词“亲爱的”是属于你的。感谢你带给我那些快乐的、无忧无虑的日子，让我很温暖。你总是笑着，淘气又兴高采烈。谢谢你的亲切，你的照顾。

 *1854—1928*

真是三天毫无乌云的美丽日子啊。

我很高兴你的样子又再次鲜活于我的脑海，依然和卢哈乔维采那位一样迷人。你知道我不会伤害你，我知道你也将看到我并不会因为你而受伤。你等待我的来信，而我渴望你的来信，我们只是共同呼吸的朋友。

我很感谢你的款待，还有你的好母亲，当然还有你的父亲及丈夫，都很友好。我带着众人的友善回到家中，很想将这些盛情回馈给你。

在列车车厢里，我的眼睛有些湿润！时间总是如此残酷无情地向前奔跑，我该怎么办？

记得把八月的下半月时间留出来去卢哈乔维采旅行。

这真是一个快乐的音符。

我很想写出快乐的音符，可是悲伤的情绪总是从笔尖流露，因为我不能总是在你身边！

……

布尔诺，1924 年 7 月 1 日（No. 238）

亲爱的卡米拉女士，

我附上一份剪报。我真想从那个该死的七十岁庆典中逃离，不过这只是我的幻想罢了。有一家德国报纸称我是一个“Greis-Jüngling”（年轻的老人），这倒是不赖。如果这绰号是名副其实的,我将把你掳走,即使你比我小七十五岁都在所不惜！不过我知道,你是不会允许我这么胡来的。你不光有雄辩的口才,而且还有折断骨头的力量。但不管怎样,我都要征服你！

你现在一定很享受重回平静的家吧。我们几个月来总是能笑个不停,难道不是吗?

为何我们总能笑个不停呢?

我现在还记得酸模(汤)和你那些不合适的纽扣！还有那些糟糕的豌豆,但我可没被宠坏。最后一个晚上的那张床真好,躺在上面令我觉得自己是一个国王！我还担心过自己睡觉的时候会兴奋得流鼻血,把你的枕头套染红弄脏。可是隔天醒来,枕头套还是那么白。

你知道还有什么令我很高兴吗?是再一次看见你乌黑的头发,它们松散着,还有你赤着的双脚:你很美,惊人的美。当我偶然间看见你的眼睛,奇特的深邃。它们如此深邃,以致根本看不见一丝闪光。但这却反而更加吸引人:似乎它们渴望被拥抱。而现在这些都在我心中蔓延。

现在我又开始要关心你了:建议你每天晚上上床之前喝一小杯清水。

这个处方不难实现吧,虽然简单,它却能使你始终保持清新的感觉,保持健康。

卡米拉,如果不是为了你,我都不想活下去。灵魂将你我联系在一起,如果你病了,我会比你更受折磨。

如果我是一个画家,我就能从记忆中将你描绘:和那双蓝色的拖鞋一起！请给我写一封长长的信，否则我会焦虑得一天都过不下去。

你全心全意的，忠诚的

莱奥什·雅纳切克

卡雷尔四世酒店，位于布拉格的斯密霍夫。自1919年起，雅纳切克到访布拉格期间通常会在此落脚

缪斯，想象中的妻子

1924—1927

信件串起零零碎碎的时间，一晃竟走过了七年。虽然这七年里更多的是雅纳切克对卡米拉的殷勤与思念，爱意却渐渐融入作曲家的生活与创作，它犹如真实的肉体被包裹进雕刻中，一位可爱的、爱讲闲话的、拥有各种小魔鬼姿态的、黑色的“缪斯”诞生了！这一回她不是高高在上的希腊女神，她从来不懂音乐、艺术或者文学，而这恰恰是雅纳切克创作中所追求的最可爱的女主角的特质——生活化的、有缺点的、真实的人。有时候，她甚至是自然界一只家养的猫、水里溜得很快的鱼、一只尚未学会怎么飞的鸟、一棵漂亮的树，或者伏尔塔瓦河上起伏的波浪。

查看雅纳切克的歌剧创作年表，继《耶奴发》之后，几乎所有歌剧都镶嵌有“卡米拉”的影子。不可否认，它们直到今天都是作曲家本人最值得骄傲的杰作：1919-1921年的《卡塔·卡芭诺瓦》，1921-1923年的《狡猾的小狐狸》，1923-1925年的《马克罗普洛斯事件》，以及人生最后一部歌剧，1927-1928年的《死屋手记》。有些时候我们只能收藏回忆，于是作曲家把这些创作调侃地称作“青春备忘录”：

“卡塔，你知道的，她就是在我身边的‘你’。还有那个在我的《失踪者日记》中的黑色吉普赛姑娘，她更是‘你’。还有那个三百岁的冷美人也有你的影子。因此在这些作品中充满着如此炽热的情感。……我知道我的作品将更富激情、更引人入胜，我的每一部作品、每一个小小音符上都坐着卡米拉，我珍爱它们，每一个音符都将是你黝黑的眼眸。"

当时的雅纳切克处于职业生涯的创作高峰，享受着一生中最春风得意的时光。他似乎是处于恋爱中精力充沛、充满激情的男子：1925 年底完成了《马克罗普洛斯事件》并就副本进行修正。与此同时，出版了早期作品弦乐套曲和《安息》。另外还有一些关于民歌的收编工作如《摩拉维亚情歌》，这部分工作一直占据作曲家的案头，直到逝世前不久才完成。

1926 年，雅纳切克创作了当时最为成功、最为流行的交响曲《小交响曲》，《格里高利弥撒》和《钢琴随想曲》。这一年尤其值得一提的是，雅纳切克去了一趟伦敦。当时的英国对这位捷克作曲家的作品可谓一无所知：20 世纪 20 年代，当《耶奴发》已是各大欧洲剧院上演的流行剧目时，人们恐怕根本无法想象《耶奴发》的英国首演将比整个欧洲推后整整三十年。

这趟伦敦之旅充满曲折，引发了雅纳切克对自身创作前程的思考。究竟音乐创作意味着什么？这个问题在伦敦之行后成为困扰他的噩梦。如今人们很难找到与伦敦之行相关的资料记载，唯有在写给卡米拉的信中，雅纳切克详尽地记下了一切。他开始真正琢磨起"死亡"的意义。回国后的作曲家立刻着手创作一首小提琴协奏曲《灵魂的朝圣》，作品原名为《游荡的小灵魂》，直到 1928 年作曲家离世还只是个断章。后来，这首作品被融入最后一部歌剧《死屋手记》的序曲部分，其乐思恰是源于伦敦街头工人罢工的一场枪杀。

雅纳切克曾经坦言将自己内心的秘密告诉卡米拉与放在自己肚子里一样安全，因为卡米拉终究是另一个“自己”。于是，我们在其事业的巅峰隐约地读到了一点即将落幕的苦痛。

 1854—1928

胡克瓦尔迪，1924年7月4日（No.239）

我以为在这个宁静的，树影婆娑的地方能等来你的消息，至少一些只言片语，可是，没有。

于是我把一篇文章寄给你读。在这里，我带着“印象中的你”独自漫步，没人看得见我心中的你。你正穿着淘气的红色，或者是活泼的蓝色衣服。还有一次，你那小眼从宽帽沿下向外凝视着，一副时尚淑女的做派。在我身边站着这么一个年轻、温柔的幻影，身着白裙，脚穿蓝色拖鞋。充满了笑声，却没有其他人听得见，充满了对话，却不会有其他人明白：这是两个灵魂的愉悦的秘密。

一些庆祝电报、信件纷至沓来，其中甚至有来自国家众议院托马塞克先生的信。我想这场闹剧很快就会结束的。

他们总是在不停地重复说：我越活越年轻。我该如何逃离这样的评价？

他们真应该问问究竟是谁令我心痛，并医治好它。为此，我不仅愿意一日三餐地服药，更愿意吃药吃上一辈子。

你不会明白我在说什么，不过这样也好。

[未标注时间,邮戳显示为胡克瓦尔迪,
1924 年 7 月 8 日](No. 240)

知道我是多么期盼着,焦急地等待着你的来信吗?它终于来了,我异乎寻常地快乐,就像你那样快乐!要是有一架飞机,我可以随时随地到处飞来飞去,从皮塞克到胡克瓦尔迪,到皮塞克,再到胡克瓦尔迪,架着飞机一路狂奔,直到我抓住你,和你在空中绕着圈旋转,一起飞翔在空中!那一定很美妙,是不是?……

噢,你知道的,卡米拉,我是那么地喜欢你,无法用语言来表达。我总是大声叫着卡米拉的名字!有时候,我害怕说出来,因为有些无法言语的东西。不是为了所谓的激情,所谓的更高目标。他们说我永存,那都是夸张的比喻。但是我们确实可以以其他形式永存。永恒的生活来自于你,来自于亲爱的卡米拉。噢,我应该写一些像这样的东西!

7 月 9 日(周三)在威隆拉第(Vinohrady)国家剧院将上演《耶奴发》,由布尔诺歌剧院献唱。他们同样邀请我到场。那地方真像是地球的另一头,不过我决定过去。周三大概三点半左右,我将抵达布拉格。这次还是入住卡雷尔四世酒店,如果你能来就太好了!至少来信告诉我你的决定。……

1854—1928

卡米拉致雅纳切克，皮塞克，1924 **年** 7 **月** 9 **日**

尊敬的大师，

希望你已经收到了我的信。我总是在水边晒太阳散步，现在已经黑得不知道怎么向你形容了。忽然间觉得难过，想就此搁笔，或者至少等到我心情稍微平静一些后再说。我很高兴你喜欢我们这儿并觉得满意。……我也很喜欢和你聊天，因为我明白这是单纯无瑕的友情。你描述着关于我的美，其实你大错特错了。你大有机会可以结识那些美丽的女性，只是你没有注意到而已。但是发生到我身上，或许有些事情我自己也说不清。如果你把你的看法告诉其他人，恐怕他们的想法会大相径庭。我只是一个非常普通的人，和千千万万平凡的、不为人所知的人一样。……如果你和我多待一会儿，你的心就不会再有渴望了。

还好我并不明白你所说的那一小匙药的意思。只要我保持无知，我就依然快乐。而之后便是我全部生活的快乐终结。对于我而言，这好比你折断了花枝，却又要花儿挺立着，这怎么可能呢？

我不能幸存，因为我如此地爱着我的丈夫，愿意一辈子依靠着他。可能我丈夫他自己甚至不知道我对他的眷恋，正如你对我的爱一般。

我有些伤感，但我读了你的信，也感受到了你对我的爱。

如果有人备受折磨，我感到很抱歉。关于我，你拥有如此美丽的回忆已经足够。最重要的是，这些过往是如此纯净。我从未想过会和什么人通信，我甚至对你有所抗拒，并不想和你说话。但是命运却向着另一个方向，所以我们就把一切都交给命运来决定吧。还好你是一位老人，而如果你依然年轻，我的丈夫是绝对不可能允许我们继续进行这样的通信的。……

胡克瓦尔迪，1924年7月15日（No. 243）

你知道当我打开你上一封信时充满了不安吗？这是有原因的。

当一个人爱你的时候，怎么可能不想拥有你？

但我知道那不是我，我将永远不能拥有你。我可以将那朵鲜花折断吗，你那快乐的家庭？请允许我对你表示尊敬，这世上我唯一敬重的女士，可以吗？我可以就这么照看着你的孩子，你的丈夫和父母吗？我可以走进你的家吗？

你明白，我们都梦想着天堂，但是我们从未踏进过那样的地方。

所以我梦想着你，而知道你是不可及的天空。

我并非要霸占你，尽管那是不可能的，我也不能这么做。

你完完全全住进了我的灵魂，因此想拥有你的念头对于我而言已足够。要我忘记你，对我将是一种悲伤，也不可能做到。所以，依照你所说，让命运指引我们吧，就这样我已很快乐。

我孤独地走到这里，天气寒冷。幸运的是，我还有我的作品。

……

你在卢哈乔维采有可以待的地方吗？

胡克瓦尔迪，1924 **年** 7 **月** 24 **日**(No. 245)

嘿，我很快将再次拜访你：他们决定在皮尔森[1]上演《卡塔·卡芭诺瓦》——所以当我再次遇上你，我们能多聊聊。我很高兴，对于你，我总是看不够。

卡塔，你知道的，她就是在我身边的“你”。还有那个在我的《失踪者日记》中的黑色吉普赛姑娘，她更是“你”。因此在这些作品中充满着如此炽热的情感。那么地炽热，如果它抓住了我们，我们必将化为灰烬。现在的状况还算幸运，我被烧着了，而你却得救了。

那么卢哈乔维采之约呢？请你什么都不要承诺，只要来就好。我愿成为你的影子。我周六离开这里，8 月 1 日我应该

① 皮尔森(Plzeň)，离皮塞克较近的一个城市。

会在什特尔布斯凯疗养地。

我正在这里创作作品,类似某种“青春备忘录”。

你一定要读马克斯·布洛德博士的那本书①。遇到你不能明白的地方就跳过去。关于我,他写得很漂亮,看过之后,对各种事你会有更好的理解。

歌剧《狡猾的小狐狸》布尔诺版本舞台设计爱德华·米伦为雅纳切克所画的藏书票。雅纳切克这么描述它:“我是在聆听一个女人或是一棵树?我想那是一个女人,像卡米拉那样的女人。”(1924年8月2日信,编号247)

① 指布洛德1924年出版的著作《莱奥什·雅纳切克:生活和作品》。

 1854—1928

卡米拉致雅纳切克，皮塞克，1924 年 7 月 25 日

……昨晚我梦见了你，醒来时连自己都不敢相信。我梦见我是你的妻子。你怎么看这件事？从哪里跑出这么傻气的事？当我跟妈妈说的时候，她大笑起来。她说我的头脑满是些幼稚可笑的东西，我必须承认她是对的。……请你把这愚蠢的信烧掉。某些人一定认为我是个十六岁的姑娘，没有理智。……

布拉格，1924 年 10 月 14 日［应为 15 日］(No. 264)

我从未听过如此华丽漂亮的诠释，捷克四重奏①将我的作品演绎得很棒，不可思议！

……

连我自己都兴奋不已，距离我开始创作这部作品已经有

---

① 1924 年 10 月，一系列庆祝雅纳切克从业五十周年的音乐会在布拉格举行，17 日的音乐会由现代音乐协会组织，20 日是捷克室内乐协会安排的另一场音乐会。两场音乐会都包含了雅纳切克的小提琴奏鸣曲及第一弦乐四重奏《克罗采奏鸣曲》的首演，演出由捷克四重奏担当。（雅纳切克将该四重奏作品题献给捷克四重奏。）在给卡米拉的信中，雅纳切克分享了关于乐章的一些细节，希望卡米拉能与他在布拉格重逢。

一年了。在我的脑海中，有一个可怜的女子，令人痛苦的，被击败了的，憔悴而死的女子。就像是俄罗斯作家托尔斯泰在其作品《克罗采奏鸣曲》中描绘的那样。他们将于周五(17日)及下周一再次上演这部作品。很有可能，他们将带着它做世界巡演。

卡米拉致雅纳切克，皮塞克，1924年12月13日

我现在回到我的老日子，你把我“拖出轨”的几个小时很美。音乐会就是火车上人们之间的相互推搡，不过到目前为止，你已经打败了所有的敌人。你站在那里，像一个胜利的拿破仑。不过你得当心，他们可不会把你从台上拉下来，带到“圣卡(米拉)”小岛上来。这很有趣，是不是？……我必须写信，再一次告诉你这场音乐会是多么的美，感谢你给我带来美好的精神之旅，除了一件事。你不该开口，不过它已经发生了。……

 1854—1928

雅纳切克与享有声誉的小提琴老师舍夫契克及其美国学生阿瑟·贝内特·利普金在皮塞克的合影

布尔诺,1924年12月15日(No. 276)

我几乎没从你的上一封来信中认出卡米拉来！看来那个富丽堂皇的音乐厅确实对你起了不小的作用,那样的灯光,无与伦比的声响,是不是?

不要以为你说的这些会令我头晕目眩,使我丢失自己的冷静和判断力。我可真想去卡米拉小岛,那是个什么样的小岛？那儿会不会有松软、炙热的沙滩?

不过在小岛上,我不需要圣女卡米拉,我要现在这个爱讲闲话的饶舌卡米拉，时常穿插着小魔鬼姿态的卡米拉。在遥远的地方，我偷偷地凝视着那个卡米拉，充满活力的、兴致高涨的她。

我需要一次心跳，一次热血奔涌。噢，当无比沮丧的时刻来临，叫我如何创作。我可以想象现在的你也同样热血沸腾。

你不会再读一遍这封信吧？

这半个月中我会逐渐苏醒过来。

12 月 27 日，星期六，我将出发至胡克瓦尔迪，在那儿待上一个星期。到时候可以摆脱一切恼人的访客。

到了布尔诺记得给我写信，别忘了邮局在假期将关闭（12 月 25、26 日）。

而事实上在布拉格我都没能与你单独说上话。……

布尔诺，1925 年 1 月 7 日（No. 281）

对于我今天信末的署名方式，你一定会惊讶的！我从胡克瓦尔迪回到布尔诺。（噢，胡克瓦尔迪，你可算是把我搁浅在那儿了，一封信都没有。）途径一些车站，他们大叫着“《人民报》”，我买了一份，读过之后，它差点从手中滑落！“教育部长之类的人士已确认，马萨里克大学哲学系①授予莱奥什·雅

① 布尔诺的马萨里克大学，成立于 1919 年，文中提到的“哲学系”相当于英语世界的“艺术系”。

纳切克学位称号……

剩下的你可以在信的结尾知晓。

我现在满脑子都是这则新闻。

我将邀请你参加那个授予学位的庆典活动，大概是在1月27日到30日之间，在布尔诺。

那将是一次愉悦的褒奖。

我并不只创作音乐，我也写作所有相关的事，真的；所以其中的某些东西他们觉得同样具有价值。

……你的假期过得怎么样？可以肯定的是你一定在忙着其他的什么事情，把我抛在脑后忘得一干二净。

……

你全心全意的

莱奥什·雅纳切克博士

我自己第一次如此署名，因为我知道不会有其他人看到。

布尔诺，1925年1月12日(No. 283)

你恐怕自己都没有意识到，如今的你变得诗情画意起来了！你不知道你的进步有多大，我把你的第一封信和最近一封信拿出来比较，简直不敢相信我自己的眼睛和耳朵。

现在情况更好了，你有哲学系博士作为导师，将来会成长为什么样的人呢！对于你，所有的指导都是免费的。

《小狐狸》5 月 18 日将在布拉格上演，我确信你一定会到场。

……我将像以往那样署名，相比冠上长长的名头，我更愿意精简一些。

亲爱的快乐灵魂，好好保重自己！

你全心全意的

莱奥什·雅纳切克

卡米拉致雅纳切克，皮塞克，1925 年 1 月 20 日

……缺席你在布尔诺的学位典礼，我们其实是不想打扰你妻子的平静。

我们将把庆典留在皮塞克，等你下次来的时候。只要你愿意，你可以随自己喜欢署名。

对于我，你永远是来自卢哈乔维采的一个老朋友。当我回忆旧日时光的时候，我都会对自己微笑；而我多么不愿意把这些告诉你。我不知道是否会有人比你更有耐心。想起来已是一段久远的日子，一切都将慢慢褪色，而我们除了回忆将别无其他。……

 *1854—1928*

布尔诺，1925 **年** 2 **月** 5 **日**（No. 286）

我很快就康复了，又是一个快乐的、努力工作的家伙。那个三百多岁美女的故事，已经临近尾声。

她已经因恐惧而变得冰冷。当她看见我们如此快乐，如此短暂地活着，她一定不会眷恋生命，哪怕多上一天。我们期待一切，想让每件事都有所用处，人的一生是如此短暂。

我的歌剧就这一部分内容而言是动人的。我想我将带着这种感动把它完成，在复活节以前写完。

现在你那儿是不是已经忙得天翻地覆？如果你忙不过来，你知道我很乐意帮忙。事实上，我愿意帮你做任何事。做饭的时候，我就朝罐子里探脑袋；我觉得饿的时候，就自己把餐桌摆好。我还能帮你购物，当你需要“付钱”的时候。……我打算再买下一部分森林。不知道那些农民为什么要卖掉森林？可能他们经营得不是很好。……

布尔诺，1925 **年** 5 **月** 21 **日**（No. 314）

我现在算是明白了，你是那种家养的猫。倘若要是有人想把你从家中带走,就只能用麻布袋装着走,即便如此,这只猫依然会跑回家中。原本那个周一我们可以好好地吃上一顿午餐,散会儿步,然后一起去听《小狐狸》,一个悠闲的夜晚。

前几天这里简直是一派混乱:每个人不玩到天亮不回家。那些外国人从地球的另一端跑来聚集在此地,被音乐折磨着,被太阳烤着。① 因此某人在某个午后,终于支撑不住,像圆木桩般倒在床上。

你一定无法忍受这些家伙。更糟糕的是,我背部有些神经疼痛,鬼才知道是什么问题。我现在就等着6月3日去卢哈乔维采待上一阵。

他们上演了我的《小狐狸》,不过并不像我预先期望的那样。

我想你现在已经康复了,我知道病情并不十分严重……

不过至少你的丈夫可以进剧院看看。我邀请了他,不过他不愿去。

说实话,我期盼这次相聚已有好几个月,不过它却不是期待中的样子。有一件事情可以确定:你永远不会通过艺术去相信某人。这就好比用拳头击打鸭绒被,它们总是歪向一边。在这里,人们对任何事都报以掌声。当然,在音乐中唯有一个真理,但并不是每个人都懂。每个人都只想着“他自己的”真理。……

---

① 《狡猾的小狐狸》上演时恰逢布拉格举行第三届ISCM艺术节,故雅纳切克会有这样的描述。

1854—1928

卡米拉致雅纳切克，皮塞克，1925年6月1日[①]

我收到了您的来信，我真的对您是有一些不高兴，直到今天。因为我真的期盼着您和您太太的到访。……我并没有什么其他企图，只是现在我总是自己一个人吃东西。……那些照片漂亮极了，你看起来像希律王，就差头上那顶皇冠，不过我想你一定已经在自己的口袋里藏了一顶皇冠。……

卢哈乔维采，1925年6月3日(No. 318)

你的信在此迎接着我。这是一个好兆头。

不过你真是一个懂得“生气”的家伙，能持续生气好长一段时间，我根本就没有那本事。

至少你自己承认了，没有其他方面的原因。

我会写信告诉兹登卡你所准备的一切。

---

① 卡米拉没有出席雅纳切克在布拉格的首演，不过她邀请雅纳切克到皮塞克家中做客。作曲家断然拒绝了这个盛情邀请，并列出了自己不能去的理由。雅纳切克并没有说真话，实际上从后来的信件中，我们可以看出他拒绝邀请仅仅是因为某种愤怒的情绪。因为作曲家本人提到邀请卡米拉夫妇参加布拉格的首演并不仅仅是为了见她，更重要的是，雅纳切克希望卡米拉能够看到整个世界是如何重视自己，以及自己的作品。于是有了卡米拉这封回信。

不过你依然有过错，原本在布拉格，我可以瞬间医治好的病如今却要拖上那么久。

天啊，已经九年过去了！①

这是真的吗？为什么时间不能停留下来，我要给时间上把锁。

噢，亲爱的卡米拉女士，那些是多么美丽的时光啊。

在库诺维斯（Kunovice），那个时候你沿着右边的小路渐行渐远，而我沿着左边的小路！不过你真应该待在普热罗夫，这样我就不会离你如此遥远。我现在想在这里睡去，忘却所有的一切，除了你。

经过九年的时间，兹登卡和我终于相互和解。②

于是她现在完全变了一个人，看待每件事情也不再带有忧郁悲观的情绪。

她依然记得你把我家中墙上挂着的"老巫婆照片"③取下来的样子。这次她（即赫瓦托娃）在布拉格的剧院里重又围着我转，据说她也离婚了。

我与布尔诺剧院签了一年的合约，他们将排演我的《萨尔卡》和《布鲁切克先生的月亮之旅》。感谢你的来信，请立刻回复我。

---

① 身处卢哈乔维采的雅纳切克，回忆起在此地初识卡米拉的时光，那是在八年前，而非信中说的九年前。

② 1917 年，雅纳切克与妻子离异，但两人依然居住在一起。依照兹登卡的回忆，当他们为了《狡猾的小狐狸》一剧在布拉格逗留的那段时间里，双方就此事达成了某种协议和共识。

③ 指的是赫瓦托娃，雅纳切克当时的绯闻对象。

1854—1928

女中音加布里埃拉·赫瓦托娃，在 E. F. 布里安的歌剧《日出之前》中饰演伊芙一角

卢哈乔维采，1925 年 6 月 6 日（No. 320）

我去了 búda①，而你像一只精疲力竭的小鸟，甚至还不知道怎么飞的小鸟，落在草地上。

我说：“你一定是犹太人。”你回答道：“你是怎么知道的？”

小小的冷杉树，那时还那么低矮：如今它们是怎样的一些

① Slovacka búda，建于 1906 年的红酒吧，由杜山·尤科维奇（Dusan Jurkovic）模仿当地的建筑样式设计而成，那里经常用来演出捷克中部摩拉维亚歌曲和斯洛伐克民歌。

树啊！它们一度还只是小小的圣诞树，如今已长成一片森林。我们周围的一切都在改变着，它们将继续改变下去：对此，我非常难过。

我去 búda 吃晚餐，独自一人坐在桌边。我等着月亮探出头来，我想你一定也会看见它。我凝视着月亮，可能你也在凝视着它：这是一座多么巨大的桥，两个人用月光架起了它！

你一定看得出来：我正尝着苦涩的相思。如果我没有把这些亟待处理的工作带在身边①，我恐怕无法以现在这种情绪在这里待下去，和去年一样……

卢哈乔维采，1925年6月11日（No. 324）

你以为我就不备受折磨吗？不过我事先并不知道她（兹登卡）读了你的一封来信。你在信中说，你明白我痛苦的感受，不过却永远会为你的丈夫保持恰如其分的、令人尊敬的妻子的形象。

她（兹登卡）对你并没有猜疑，不过你在精神上更靠近我的事实可能会令她觉得不太舒服。

即便如此，我仍想用美好的话语来谈论你，经常地谈论你。因为你值得拥有这一切！

---

① 指修改作品《萨尔卡》。

这也是为什么我们能在布拉格达成最后和解的原因！事实上我们已经离婚了。我们的友谊，我对你的情感，正如你所知道的，是深刻的。我需要它令我心满意足地、快乐地生活下去。因此，最终我们总是能相互理解的。我把你的来信寄给了在胡克瓦尔迪的兹登卡。你信中的表述很好。……

卢哈乔维采，1925 年 6 月 16 日(No. 326)

某位知名的淑女为我引荐了一位画家，库帕里瓦先生，为我画肖像画。你能想象吗，在温泉区，我为了他连续四天从下午两点起一动不动地坐到四点半！

他是一个健谈的人，跟我说他的生活故事：似乎没有什么可圈可点的，除了饥饿、需求、疾病、苦难之类！这些最好是当面讲给你听。

肖像画得很好，不过最关键的是我右手上带着你的幸运指环！每当我看着它的时候，我就觉得面对他不是那么难受。

据说他已经有好几个月没挣到一分钱了！

我现在比以前快乐了许多，一周后离开。但我已经复原。

在布拉格的时候，我只是孤独地拖着自己的身体。

依照我过去的经验，我不相信在那里可以见到你。

……

在这里每个人都认得我，这很令人心烦。要是没有一张熟悉的面孔,那该会是怎样的自在!

……

我现在还记得在佐芬(Žofín)①,我看着你光着脚走出来,站在阳台上。你的头发散落在肩上,像是黑色的鬃毛。

晚上,你的房屋便会亮起星星点点的灯光。而我就这么注视着,直到你终于从屋子里走出来。你走向园丁要了些黄瓜,之后沿着河岸右边朝集市走去,去买肉。你还带回了梨,我们坐在长椅上吃着。噢,那么多琐碎的小事。不过它们却一点也不乏味!每件事都令人愉快,而现在,什么都没有。就像是落幕时,剧院舞台上垂下的幕。

保重!

布尔诺,1925年7月9日,夜晚(No. 330)

你知道为什么十四天以来,我像一只断翅的蝴蝶般在家中苦苦挣扎吗?

晚间的时候我还在喃喃自语地抱怨你没有来信。兹登卡说你给她写过信,她也回复你了。我立刻又欢快起来。如此,我将带着快乐的情绪向胡克瓦尔迪出发。

我将待在那里工作,不知道肌肉疼痛的问题是否可以解

① 1917年,卡米拉一家在卢哈乔维采时入住的公寓。

决。如果病痛依然持续，我考虑去玛丽亚温泉城或者亚希莫夫疗养。

我需要避开威尼斯那段时间，8 月中旬在威尼斯有个活动。①

9 月上旬，我需要回到布尔诺，有我第一部歌剧《萨尔卡》的首演。

……如果你打算去普热罗夫，直接到胡克瓦尔迪来，虽然它们之间的距离远了点。我可以依照你的要求安排好房间。……

我想在胡克瓦尔迪把那位“冷血动物”②的第二幕梳理好。

我还创作了一首短小的钢琴协奏曲，估计它以后可以经常拿来演奏。

你看，这次的信比昨天那封快乐多了。

胡克瓦尔迪，1925 年 7 月 15 日（No. 333）

……今天，是第一个称得上“美丽”的日子。我走了出去，走进了森林。我们在高高的山顶放了长凳。从那里放眼望

---

① 雅纳切克把月份搞错了，他随后确实参加了在威尼斯举行的国际现代音乐协会艺术节（ISCM），时间是在 9 月初。

② 指作品《马克罗普洛斯事件》。

去，多么难以形容的景色！阳光一整天都在我的村舍周围漫步，它从小灌木丛越过。今天的太阳是火红的，整个森林看起来好像着了火。有一天你应该来这里亲眼看看！

兹登卡写信告诉我说你邀请了她。她肯定也会邀请你，这样我们就可以全部到这儿集合了。

八月的后半月我将出发到捷克四重奏的夏日寓所，他们将去威尼斯演奏我的作品。他们的住地离你那儿很近，到时我们可以过去找你。

白天，我工作；中午的时候，我就等送信的邮差；下午，我守护我的森林。我在这里种上年幼的小树苗，不过有一群流氓总是驱赶山羊到森林里吃草木，这令我很生气！

我们在这里养了一只十分讨人喜欢的小猪。它在这里可谓应有尽有，它喝得到牛奶，吃着蔬菜团子。它现在已经长成白乎乎、圆滚滚的胖娃娃了。

我在这里还算有些娱乐。在布尔诺，我几乎可以说是不知所措。

快快写信来。

胡克瓦尔迪，1925 年 8 月 5 日(No. 339)

我正在打包行李。我把东西一件一件地丢进篮子里，不过它们并不会互相撕咬。究竟我有没有得到休息？我自己甚至都没有答案。有一件事可以肯定，在这里，我是一个隐遁者。

我一直在我的森林里徘徊，直到夜幕降临。一切变得黑暗。我沿小路走着，迷失在思绪里。突然，似乎有人在背后放冷箭。声响一次、又一次地出现。我停下来，屏住呼吸。一个在森林里穿行的入侵者。有人偷走一棵树。我则全副武装——手拿一根小木棍。我怎么可能敢拿着斧头追那些盗贼呢！我在森林边上等着。过了一会儿，两个家伙从森林里走出来，其中一个人手中拿着锯。我说：“你们提着锯在森林里做什么？”其中一个年纪稍长的说：“我们打算从索博季克①家去 Rychaltice。”我反问道：“难道这是最短的路线？”

他们受了点惊吓，从我的面前退缩离去。我一直在背后盯着，直到他们消失。

这场突如其来的意外让我彻底清醒了。

今天，8 月 5 日，早上六点的时候我已经身处林子里，寻找被他们偷走的云杉。究竟是哪一棵呢？我找到些松木和杉木被修剪下来的树枝。到处都没有看到刚刚被砍过的痕迹。这些家伙可真懂得“毁尸灭迹”。

瞧瞧，这就是我的工作！

---

① Jan Sobotik，胡克瓦尔迪的市长。

雅纳切克夫妇与斯托塞尔夫妇于皮塞克的合影

另外，我在这里还粗略地把交响作品《多瑙河》[①]过了一遍。作品里会有关于洛拉那段有趣的小插曲。当然一开始是有趣的，后来她开始带着寒意颤抖着，饥寒交迫地跳进多瑙河。[②] ……

我的小猪快乐地成长着。当我对着他发出“躺下”的指令，他就立刻躺下。他总想让我多挠挠他。每当这个时候，他

① 很遗憾，雅纳切克反复琢磨的《多瑙河》终究毫无结果。一年后（1926年8月16日），布拉格指挥奥塔克·奥斯特西尔（Otakar Ostrcil）请求作曲家完成该部作品，雅纳切克本人依然觉得动力不够。一直到作曲家去世，《多瑙河》一直是摆在桌上尚待完成的“故事”。

② 在关于作品《多瑙河》的众多创作灵感中，其中有来自 Alxander Insarov 的诗歌《洛拉》（*Lola*），讲述一个妓女带着对生活的信仰而香消玉殒的故事。在雅纳切克设计的故事里，洛拉最终跳进多瑙河结束了生命。

就闭上眼睛舒服地哼哼着。

布尔诺，1925 **年** 10 **月** 22 **日**(No. 352)

已经第六个星期了，如火般燃烧的疼痛！伤口都已经愈合，但是每到晚上，我浑身上下就像被无数针扎一般难受。①11 月 11 日，他们将在这里上演我的歌剧《萨尔卡》，并且在城市剧院举行我半身铜像雕塑的揭幕仪式！

对于出席这种场面我并不很热衷，一般这种事情只会发生在死人身上。

……

我现在到了极点，难以形容的不快。我根本无法坐着，甚至走也不行。在床上，我不得不像烤叉上的绵羊，来回翻转。

布尔诺，1925 **年** 11 **月** 6 **日**(No. 354)

……我的健康有所好转。但已忍受了足足八周了！近

① 1925 年秋天，雅纳切克生了一场大病，带状疱疹的折磨长达数个星期，康复得极为缓慢。

来，外界对我的赞誉和赏识倾泻而出：《小狐狸》拿到了国家最高奖金，一万克朗，并收到了六千克朗的创作费，除此之外，还有其他许多收入！不久前，我刚打破了一个银色茶杯，把杯把儿给摔断了，正好有理由花钱再买一个。

星期三将是《萨尔卡》的首演，应该会很不错。你愿意过来吗？

……

布尔诺，1925 年 12 月 5 日（No. 357）

我不能对自己解释为什么你总是杳无音讯。

我每天等着，等着，却是徒劳！

我知道从布尔诺到你那儿路途遥远，你不必等待从威尼斯寄来的纪念品。我们周一会通过邮局把礼物给你寄过去。

那些小动物是给你的，小刀男孩们一人一把。不过请确保削铅笔的时候他们不会割伤自己的手。让“圣诞老人”今年再多给他们一些礼物。

祝你有一个美丽的圣诞节。节礼日①过后我很有可能会去胡克瓦尔迪。我已完成《马克罗普洛斯事件》。可怜的三百岁美女！人们把她看作是窃贼，是说谎者，一个完全没有感觉

① 节礼日，圣诞节后的第一个工作日。

的冷血动物。他们称她“野兽”“贱民”，人们想扼杀她。可她的过错又在哪儿？她只是不得不长久地活下去。

我替她难过。三年的工作总算是有了一个了结。现在接下来干什么呢？

布尔诺，1925年12月15日（No. 358）

《萨尔卡》将被印刷出版。至少它不能被搁置，毫无声响。他们大老远地从布拉格国家剧院跑来，听这部作品，但什么也没说！他们对于我的所有作品总是保持缄默：《耶奴发》《卡塔·卡芭诺瓦》《小狐狸》！

我再也没有什么胃口，也不想费心思让他们在布拉格表演我的作品。

二月份，我可能会在布拉格，我的钢琴协奏曲必须在那里演奏！

布尔诺，1926年1月12日（No. 363）

我在胡克瓦尔迪等待着你的明信片，在布尔诺也等着，在布拉格还是等着——好吧，都是空等。

我为悲伤所笼罩，静下心来想，我在布拉格的表现的确有些过分。

周五（1 月 8 日）的会议从早上九点一直开到了下午五点半；我担任主席一职，所以我开会已经开够了。①

周六的时候我得知将很有可能不能参演在瑞士苏黎世举行的音乐节活动②。我倒是没有很沮丧，原本满心期待你会来剧院看《耶奴发》的。可是没有你的消息，我独自一人走进剧院。

我后来知道他们已经拒绝演出《萨尔卡》。③

所以我立刻调转头，回布尔诺！我之前在给你的信中提到预留的包厢是 3 号，不过我知道你肯定不会出席。

我让侄女过去，这样至少包厢不会空着。

我原本想在回家途中取道皮塞克，车夫却讨要 800 克朗。出发前我仍等不到你的消息，于是直接跳上火车回布尔诺。今天兹登卡给我看了你的来信，里面提到那些地毯。谢谢，我一定会很享受走在它们上面的感觉。

……

原谅我，在上一封信中的表现有些神经过敏。兹登卡已

① 指捷克斯洛伐克民歌协会所召开的相关会议。

② 第四届 ISCM 音乐节。

③ 1926 年 1 月 12 日，《耶奴发》的全新版本计划由奥塔克·奥斯特西尔指挥在布拉格国家剧院演出。这为雅纳切克与卡米拉的重逢提供了好机会。雅纳切克两次写信告知他为卡米拉预留了包厢和相关的行程安排细节。卡米拉一如既往的沉默令雅纳切克非常生气，加上得知布拉格国家剧院拒绝演出《萨尔卡》，作曲家毅然决然地离开布拉格回到布尔诺，带着愤怒的他拒绝出席全新制作的《耶奴发》首演。这个举动令雅纳切克与布拉格歌剧院的大老板奥塔克·奥斯特西尔间关系紧张，原本两人极好的交情也就此终结。

经向你发出了邀请，期待不久的团聚。

布尔诺，1926 年 1 月 29 日（No. 365）

……人们在城市剧院竖立起一座金属半身像，我的雕像。

我发表了讲话，只是竖立起如此一座雕像似乎应该是在功成名就之后，这雕像仿佛是预言我业已终结的职业生涯。这令人伤感。

一个人总是可以如此被误解！关于奥斯特西尔先生，有一次你坐在他身边。我原本把他当作最正派的一个人，可现在呢！被当场戳穿谎言总是令人不快的。

大概 2 月 19 日至 21 日期间，布拉格将上演一些我的作品：捷克爱乐乐团演奏《拉什舞曲》，伊洛娜·科佐娃（Ilona Kurzová）演奏《钢琴协奏曲》。

为此，我要做些准备。……

布尔诺，1926 年 2 月 24 日（No. 371）

我们回来了，精疲力竭，不过还算心满意足。

我从未在布拉格受到如此多的尊敬（即便这种尊敬永远

只是某些救命稻草)。对于我的舞曲,观众们报以真诚的喜欢。其中有些曲目曾经在皮塞克演奏过,不过这次不一样,这里是布拉格,而且是一个非常著名的乐团。

人们挥舞着丝巾,不停地叫嚷着返场,最后一首舞曲不得不再演奏一遍。这种情况在捷克爱乐的音乐会历史上还从未有过!

好啦,都结束了。现在我需要放松一下,积攒全部精力应对伦敦之行。……

布尔诺,1926 年 3 月 29 日(No. 373)

……你都不知道我完成了多少工作!

1. 弦乐套曲

2. 合唱《我们的旗帜》

3.《马克罗普洛斯事件》,歌剧

4. 民歌

5. 葬礼合唱曲《安息》

最后这首作品献给那些即将离开这美丽世界的穷人们,不情愿离开的人们。我想写了这么多东西,我的笔可以放下休息了,还有刚完成的一首漂亮的小交响曲,结尾是辉煌的号角!

我还记得在皮塞克的那些号角声!那时是多么美好。……

 *1854—1928*

伦敦,1926 年 5 月 1 日(No. 382)

这里有很多房子,连成片像大海一样,八百万人口挤在一起,人们只能靠汽车往来。到目前为止,我的双脚尚未着地“行走”过。

今天是五月的第一天,这里的人繁忙地工作着,人们庆祝工作的方式是工作,而不是懒惰。

他们将演奏我的作品中的一些不错的篇目,这些作品适合冷静的英国人①。还有这里的人饭量很大!

---

① 直到离开伦敦的时候,雅纳切克对于“冷静的英国人”的看法始终抱有相当的偏见:对于原本计划演奏钢琴协奏曲的范尼·戴维斯(Fanny Davies),作曲家并不是很喜欢,演出随后被取消。1926 年 5 月 6 日于威格莫尔音乐厅演出的曲目仅包含了《穆拉迪》、第一弦乐四重奏、两首早期的小提琴奏鸣曲以及为大提琴和钢琴而作的《童话故事》。这场音乐会能照常进行不能不说是一个奇迹,5 月 3 日发生的大罢工导致市区的交通系统完全瘫痪,所有到场的观众都不得不依靠步行或者私家车辆。事后,关于那场音乐会没有留下任何评论。

伦敦，1926 年 5 月 5 日（No. 384）

如果要一直居住在这里，我怕我坚持不了一个月。

每天除了坐在车里到处走走看看，吃饭，没有其他活动。这里正在闹罢工。今天，几乎连伦敦的牛奶供应也停止了，物价在飞快地上涨。显然这种气氛对于音乐会是不合时宜的。不过，我的任务完成得还算不错。我在这里认识了一些人物，并结识了一位赞助人，她打算在未来一年的时间内促成《耶奴发》在这里的演出。① 我现在满脑子就是尽快回家，恐怕久了会被滞留在此！

伦敦，［未标注时间，邮戳日期为 1926 年 5 月 6 日］（No. 386）

我刚收到你的来信，信中你对我的近况表现出关心。我

① 作曲家寄予厚望的赞助人并没兑现承诺，直到 25 年后，雅纳切克的歌剧才在英国上演。不过，伦敦之行还是让雅纳切克认识了一些重要的人，比如他拜访了亨利·伍德，此人后来成为作曲家热情的拥护者，实现了《塔拉斯·布尔巴》、《小交响曲》和《格里高利弥撒》的英国首演。

的听觉已经恢复得差不多了，不过你要是了解在这里经历的一切，一定要像我一般坚强。音乐会还是如期举行了，不过却是彻底的一场混乱！大罢工导致数以万计的破坏。没有交通系统，铁路也停止运行，在整个伦敦步行简直是不可能的任务。我不得不从这里取道巴黎，再到荷兰，之后是布拉格。我现在也不能确定抵达布拉格的具体时间。如果可能的话，在布拉格我很想和你见上一面。当然，兹登卡也十分担心我的情况。如果我在晚间抵达布拉格，我就会于隔天上午到皮塞克。

有好多事情想跟你分享。这里完全是另一个世界。我被邀请去一些重要人物的住所。在这里如果没有邀请函，你哪儿都去不了。

工人们的情绪沸腾激昂。今天他们朝一个街上的司机射击，完全没有任何理由。[①] ……

---

① 对于大罢工，琢磨雅纳切克主要的信息来源会发现，作曲家接触的大部分人对于这个事件都没有多少同情心。尤其是纽迈奇夫人（Ms. Newmarch，一位俄罗斯音乐的专家，并且于当地结识了不少具有革命性的音乐人）。作为雅纳切克伦敦之行的重要陪同，她随时都可以向作曲家表达她的观点。信中雅纳切克提到的“司机之死”十分值得关注。一回到布尔诺作曲家立刻着手创作小提琴协奏曲《灵魂的朝圣》（*Pilgrimage of Soul*），虽然这部作品到作曲家逝世前都只是断章，但是其修改后的版本成为《死屋手记》的序曲，该部分的灵感正是来自伦敦的“射杀事件”。凭着一些铁路自愿者，他最终得以离开伦敦前往福克斯顿，之后乘船至法拉胜，荷兰。从荷兰到布拉格，已是晚上，雅纳切克马不停蹄地赶往卡米拉所在的皮塞克做短暂拜访。

布拉格，1926年5月13日（No. 389）

我，又一次回到布拉格，很快就要回到布尔诺了。所有一切就像逝去的梦。为了这次旅行做了那么多的准备，也曾有那么多的期待！然而回归简朴：只是想写出一些东西，既不使人压抑，亦不令人悲伤。不过比这更糟糕的是：在繁杂纷扰的生活之中，这种想法如此空洞，**毫无意义**。

无论伦敦——哪怕伦敦的很小一部分——是否听到了我的音乐，哪怕是一点点来自我的声音，都不能改变什么；更不用说一个单独的个体对于居住在那儿的八百万居民会引起什么波澜。

总而言之，我意识到了音乐作品本身的无意义。一天到晚地谈论音乐没有用处。

不过对于某些人而言，它很重要，但我不属于那样的群体。

全都结束了。

在我离开布拉格去皮塞克找你期间，这里的人在我下榻的酒店房间外面蹑手蹑脚至晚上十点，生怕打扰我的休息！看到房间里一点动静都没有，他们担心我心脏病突发；最终鼓起勇气走进房间，里面竟是空空荡荡，床尚未被碰过！直到他们收到来自皮塞克的电报，才对这桩失踪事件大松了一口气！

我好一阵大笑。……

布尔诺，1926 **年** 5 **月** 15 **日**(No. 390)

……布拉格漫长的一个下午。晚上他们为我安排了欢迎仪式。①

仓促地吃几口甜酥饼，

仓促地说一段欢迎致词，

我仓促地几句应答，

很快地，那些桌子就被搬了出去，快点，快点！他们开始跳起希米舞、狐步舞，清一色的快速旋转！

我从未如此静悄悄地逃离，只为了回到家中！

这就是他们欢迎我的方式，对此我只感到羞愧！

……

他们一直邀请我去柏林②，不过我倒是再也不想去那个地方！

我可能不会去，他们只不过想要一些嘹亮的号角声，而我却想听到整部的《小交响曲》。

---

① 1926 年 5 月 12 日，艺术家协会音乐部在俱乐部为雅纳切克安排了一个非正式的晚会，主要涉及作曲家刚刚结束的伦敦之行。

② 柏林方面邀请作曲家出席《卡塔·卡芭诺瓦》的首演。

今天在这儿排练《布鲁切克先生的月亮之旅》①。他们的制作非常好。对于这个故事你一定会觉得很滑稽。布拉格的制作和这里简直无法比较。如今显而易见,在布拉格我被屠杀得一干二净。

胡克瓦尔迪,1926年6月15日(No.396)

你为什么不回答我?

在这里,我每件事都为你准备着,一切都安排得尽善尽美,连天气都考虑周全。我阻止溪流中的鱼儿,我留心森林里的狍,而从你这儿呢,我却一无所获,什么都没有!

不要再争辩,径直向我走来。你想待多久就待多久。当我们看过这儿的每样事物,当我们对这里的一切心生厌倦,我们就马上离开。

我们可以用猪腿做火腿。

我们可以自己做晚餐,午餐有人已预备好。

不过现在这里开始下起雨来。一个雕塑家正以我做模特,画家翁德鲁塞克((Ondrúšek)也在画我:我为了他们俩在屋里静坐着!

① 1926年6月15日,由František Neumann领衔,《布鲁切克先生的月亮之旅》在布尔诺进行首演,制作由Ota Zítek担当,舞美设计为Josef Čapek。

他们什么时候才肯让我恢复平静！

我正在等布拉格的邀请，之后我们才能商定从布尔诺启程的具体时间。

1926 年 6 月 17 日，雅纳切克的朋友翁德鲁塞克于胡克瓦尔迪完成了这幅水粉画，并在署名中标注了创作日期

卡米拉致雅纳切克，1926 年 6 月 16 日之后

亲爱的大师，

您现在是不是对我们无法到访的既成事实妥协了呢？请相信我，现在我走不开，或许晚些时候可以。

因为我太需要宁静，需要待在家中。请不要生气，随时来我们这儿吧。我很高兴您的夫人喜欢那些琥珀石，我很欣慰。

您无需阻止溪水中的鱼儿，让它们畅游，亦无需留意狍子，让所有一切生物都如我们一般自在地、快乐地活着。为什么因为我，它们就应该停止游泳或者不再奔跑了呢？

这么说，嗯，你正被雕塑着，被画着……

卢哈乔维采，1926 年 8 月 15 日（No. 407）

对健康的焦虑似乎消退得差不多了，我一度对于喉咙的状态颇为担忧，不过我想一切都会好起来的。

只是在这里，孤独再一次压在我的肩上。我想任何人都不应该回到过去，尤其是年轻时曾经的快乐时光，尤其是在某地的一个微笑，由一个大笑而相识相知的经历。对于那些人而言，我彻底是多余的。对于整个社会来说都完全是一个多余人。这种孤立令人困窘。

我知道这里的人认识我，从他们经过时的窃窃私语我便可以知道；他们带着尊敬向我致意，不过他们只在他们中间谈论我。于是我缩回自己的贝壳，没有窗户的贝壳。早晨我再一次投入工作。下午，大概两点到五点半，我为治疗安排了计划表。没有人可以对话。早餐、午餐和晚餐，我独自坐着。我往自己的身体里丢了些食物，现在是晚上七点半，我坐在家中。

记忆啊,它们像业已凋谢的花。我想将它们碾成碎片,至少这样它们不会再有任何伤害。

你看到了吧,我正在给你写一封苦涩的信。

卢哈乔维采,1926 年 8 月 24 日(No. 408)

我曾惧怕的卢哈乔维采时光,已经过去。

秋日里,飘落在乡间的叶子令我有些惆怅。这里的每一个角落,你都可以听到单一的耳语在重复:曾经,都是曾经!

我现在真的不能理解你的做法。你怎能倦怠地将自己捆绑在空荡荡的房子里徘徊?是的,这再不是十年前的卡米拉!曾经她有自己的意志,从不让步于每天的空谈。如果你接受了我的建议,你现在身体可以完全康复,或者至少恢复一半了!请相信,我明白如今与愚蠢抗争已毫无用处。当脸上应浮现忧伤,应当对珍视的生命表露应有的关切时,却看见了一张愚蠢的笑脸——真令人难以忍受!

讲述我在这里的日子会比用笔写好得多。

在这里我如坐针毡,只想尽快冲回家中。

我的神经一度过于紧绷,现在好些了。我需要有钢铁般的强大神经,还有事情等着我去完成。8 月 27 日,星期五我将返回布尔诺。

我很悲伤,我只能冲着荒野大声哭喊,而冰冷的回应里只有我自己的言词。

好好保重，请一定回信！

卡米拉夫妇和他们的狗，摄于1926年

［回到布尔诺的雅纳切克继续手头两部作品的创作，《格里高利弥撒》和为左手而作的《钢琴随想曲》。在信中，雅纳切克说："我为一个只有左手的钢琴家写了一部作品。只是我还不知道怎么结尾。对于只有一条腿的人而言，跳舞是个难题！"这里指的是钢琴家欧达可·荷尔曼（Otakar Hollmann），他在第一次世界大战期间失去了右臂。由于卡米拉的沉默不语，雅纳切克写信也不再像之前那么频繁。］

 *1854—1928*

布尔诺，1926 年 12 月 21 日（No. 418）

那个关于“冷酷的人”①的故事出乎意料地成功！她用冰冷的碎片击穿了每一个人的脊梁骨。他们都说这是我最伟大的作品。

不过，依然有上升空间！还可以更好！

祝你圣诞愉快！

布尔诺，1926 年 12 月 27 日（No. 419）

史无前例头一遭，我停下所有工作，脑袋空空。那位“冷酷-火热”的女人正向全世界展示自己，而《格里高利弥撒》的乐谱正等着装订，随想曲《反抗》已经写好，为孩子们创作的儿歌我也已经修改完毕。

1 月 4 日我将出发去布拉格，一直待到 7 日。

期间如果克莱茨莫一家邀请我，我会找个下午去拜访一

① 1926 年 12 月，剧目《马克罗普洛斯事件》在布尔诺进行最后的排练。12 月 18 日的首演相当成功，雅纳切克在给卡米拉的信中显得十分高兴。

次。之后我将去看看牙医以及心脏方面的医生。

他们打算在皮塞克演出我的组曲和小协奏曲。

你想不想来布拉格待几天?还有那个小店 Vera① 怎么样了?

你可真是惜字如金。你又怎么了?我近来对自己有些放纵。

圣诞节你收到了什么礼物?我收到一根橡木制成的手杖,和一个领带夹。

祝你和全家人新年快乐!

布尔诺,1927 年 1 月 28 日(No. 422)

我想,对我而言,你已经变成了那个"冰美人"。好吧,不论多么冷酷,她现在备受人们喜爱,全世界都喜爱她。瞧瞧她的一身装扮吧!第一幕,有一件近似绿色的毛皮里衬。还有那些珍珠,长长的金色耳环!第二幕,是一件白色的皮衣与拖曳在地的长袍;第三幕则是一件用黄金做成的礼服,一整片金色做成的光芒!多么震撼的视觉!每一个人都爱上了她。是的,她还将去布拉格、柏林。皮尔森也希望上演这个剧目,我不知道他们是不是能够胜任这样的演出。

---

① Galerie Vera,卡米拉的丈夫大卫在布拉格开的小店。

2月6日，巴黎歌剧院的总监将来布尔诺观看《耶奴发》。我对此事一无所知，只是听到周围的人在议论。我想你可以在布拉格看到这位“冰美人”，可能你会看见自己的影子。

我一直都不得闲，计划2月10日出发去胡克瓦尔迪，去看看那里的雪是什么样子的。在布尔诺，我们只能看到黑乎乎的雪景。

……

我现在已经开始制定夏季的工作计划。

可能会有这样的行程：卢哈乔维采－塔特拉斯雪山－什特尔·巴斯卡湖－布拉迪斯拉发－多瑙河；随后是布拉格－柏林－巴黎。

不知在哪里我可以对你说：“我尊敬的卡米拉！”

而你对我说：“我尊敬的大师！”

胡克瓦尔迪，1927年2月19日(No. 424)

这里美极了，你应该知道；上帝是一个能干的磨房主，他只在这里倾洒最雪白的“雪”。我在这休息得很好，计划24日星期二启程。中途我会去画家翁德鲁塞克先生家，他应该能把我的肖像画得很好。

他刚完成了诗人弗尔赫利茨基①的画像，这真是一件了不起的工作；背景是塔波尔的乡村风光。你来信中说把经营的古董店从卡林迁到布拉格市中心，这是个好消息。至少我不用千里迢迢地去拜访你，你也可以时常到布拉格走动。

我的《小交响曲》在纽约获得了巨大的成功②，就像《狡猾的小狐狸》在德国的美茵茨那样受欢迎。③

我不知道该继续创作什么样的作品。一个人可以在能力范围之内行事，却又不得不被这框架所束缚，这是一个悖论。

我宁愿人们总是带着笑脸，喜气洋洋的。

在这里，我养了一只公猫，它能逗我开心。它喜欢被宠爱，可又会突然地伸出利爪。

出发前，我抚摸了奇佩拉（Čipera，家里的一只老狗），不过几下而已，那只狗竟然因此咬了我一口！

动物终究只是动物，不过，人也接近于动物。

---

① 雅罗斯拉夫·弗尔赫利茨基（Jaroslav Vrchlický，1853－1912），19世纪最负盛名的捷克诗人。他的一些诗作灵感正是源于雅纳切克的音乐，如《阿马鲁斯康塔塔》《永远的福音》。

② 1927年3月4日演出，由奥托·克伦佩勒担任指挥。奥林·唐斯（Olin Downes）在1927年3月5日的《纽约时报》发表了一篇热烈的评论，将这场音乐会描述为：一场迷人、新颖独创的音乐会。而J. A. H.在《音乐美国》（*Musical America*，1927年3月12日）中的描述则模棱两可，认为音乐会中的作品“不大可能畅销”。

③ 《狡猾的小狐狸》的德国首演于1927年2月13日在美茵茨Stadtisches剧院举行，由布莱萨赫（Paul Breisach）担任指挥。事实上，首演并未如雅纳切克所说，几乎算不得成功。

 *1854—1928*

布尔诺，1927 **年** 3 **月** 10 **日**（No. 428）

……我将搭乘复活节当天下午（4 月 18 日，周一）的火车从布尔诺出发到皮塞克。

我想呆到周三、周四，或者周五。

我是不是应该在皮塞克绕着城默念：她曾走过这里，那里，她曾经走过……如今，她走远了？

我已经完成了某一部作品，想休息会儿。有你喋喋不休的唠叨声做伴是件美事。

另有一件事，我在布尔诺的住所将重新粉刷，人必须躲开一阵。嗯，请您发发慈悲，写信跟我说：来吧，我将在皮塞克等你。

不过我还是想为自己在酒店订一间房，我不想给你惹来麻烦，毕竟时间不短。

不过，我还能帮你做饭，还有购物。

我将热切地期盼你的回复。

深爱你的

莱奥什·雅纳切克博士

布尔诺，1927年3月25日（No. 429）

亲爱的卡米拉夫人，

非常感谢你因为我推迟行程，十分期待即将到来的旅行。

工作令我疲惫之极，我需要某些力量将自己从工作中分离出来。请你帮我在酒店预订一个房间，就是我曾经入住过的那个房间。

我只想有人陪伴，只想去有“家”一般感觉的地方，除了你，还能有谁可以给予我“家”的感觉？

我将于复活节，即周一早晨从布尔诺出发，可能直接去皮塞克，也可能先去布拉格开会，再从布拉格去皮塞克与你会合。届时我会提前告知你行程安排。我已经在等待你的回音了。我在心里寻思：她会呆上一段时间么，或者，她不会做太久的停留？不过不管怎样，如果你不愿停留，于我都将是一种伤痛。虽然我心里明白，我不应该命令你，甚至不该要求你为我做什么。

不过你是仁慈的，还有，我同样感谢你的丈夫。

我们将乘车去古城特热邦看看，据说那是一个漂亮的城镇，还有因德日赫城堡。

那时应该是晴空万里，阳光明媚的好天气，是不是？

照顾好自己。

深爱你的

莱奥什·雅纳切克博士

雅纳切克致兹登卡[①],1927年4月21日

亲爱的兹登卡,

在这里,他们把我照顾得很好。天气也渐渐暖和、晴朗起来。昨天早上,在当地艺术家的陪同下我们逛了四个小时。午后,我们在森林和乡村里散步。森林散发着芬芳的香气。星期五(4月22日)我们可能会去一趟特热邦、因德日赫城堡;星期天我会待在塔波尔,星期一早晨启程回布尔诺。斯托斯洛娃夫人非常喜欢玫瑰花,只要有玫瑰花她总是很高兴。不过这里的厨房总是有一大堆苦活。不知道你那边粉刷的工作完成了没有,东西是不是都按顺序摆放在原位了?我完全忘记了音乐,在快要发疯的时候,这趟旅行救了我,否则恐怕自己会被送进精神病院。

你的莱奥什

① 雅纳切克与卡米拉一家相聚的几日短暂却愉快。在写给兹登卡的信中,轻松的心境跃然纸上。他不仅与卡米拉在精神上更为亲近,甚至完全将音乐抛在脑后。终于可以暂时远离沉重的工作,这对于雅纳切克来说可谓等待已久。

布拉格,1927年4月25日(No.434)

亲爱的灵魂,

相信我,我一直沉浸在我俩一起散步的回忆中。一个沉沉的、美丽的梦,令我陶醉销魂的梦。

我知道自己将被这种热烈的,却又不能燃起大火的情感所毁灭。我将在路边种上橡树,它们将生存上几个世纪;我将在树干上刻下我曾经大声地向空中喊出的呐喊。我不要这些记忆消失,我要一切都为世人所知。

从未有一个人令我有喊出这些话语的冲动,从未如此不顾一切,不计后果:"你,你,卡米拉!回过头来!停下来!"从你的眼睛里,我同样看懂了这之间的共鸣,犹如一阵大风般席卷而来的感情,太阳一般炽热的温度。难道我们之间那些非言语可以描述的快乐是命中注定?在我的整个生命里,还不曾经历过这般不分彼此的融合。我们沿着路走着,虽然距离并不亲近,但我们之间已经没有缝隙。我成了你的影子,因你的需要而存在。我多么希望那是没有尽头的散步啊,不厌其烦地等着你向我低语;如果你是我的妻子我真不知会做出些什么。好吧,我承认,我把你想象成我的妻子。这么想想不过是件小事,不过这么想着就犹如万丈光芒将我淹没。我如此劝说我自己,并且不会停止这种念想。

这封我的告白,随你处置。你可以选择烧了它,或者不烧它。它给我带来生命。甚至这些想念都变得有血有肉。

保重,

你的①

布拉格,1927 年 4 月 26 日(No. 435)

亲爱的卡米拉,

我将在信中用"Ty"称呼你。你我之间纯粹的真诚当然只有"Ty"可以与之相称。你介意么?我把雨伞忘在你那儿,昨天下午在工厂主克雷施默的住处收到了送回来的伞。我很抱歉,因为并非主人身份,不便留你丈夫在克雷施默家共进晚餐。这是一把陪我从布尔诺出发的旧伞。后来在火车上,我小心翼翼地把伞搁在头上方处,没想到竟然有人在途中把它偷走了!一个二等客舱的贼!不可思议的是,一节车厢有四个人都没发觉。我打了一会儿瞌睡,它就这么没了。下次我应该更小心一些。

你正在干些什么?离开皮塞克时,一栋栋房子从眼前闪

---

① 与卡米拉突然变得如此亲密,雅纳切克仍然对这封信的署名感到困惑。在他的前几封信中一直在署名处写上自己的头衔与全名。有时候,雅纳切克会省略名称,只是加上亲密的"L"或者"Leoš"字样。在之后的一封写给卡米拉的信中,雅纳切克开始用捷克语"Ty"("你")的亲密形式称呼爱人。

过，我落泪了。不过那又如何？我不会感到羞愧。在你身上我找到了某些与我亲近的东西，而它们是如此惹人疼爱。只要一想到你，笑声与欢乐就会跑遍我的面庞。

我渴望收到你的来信。把这封信烧了吧。要不，别烧。随你怎么处置吧。

你的

布尔诺，1927 年 4 月 28 日（No. 436）

亲爱的卡米拉夫人，

幸福的微笑照耀在我的脸上，从每个角度看都是！

一个月前，柏林的普鲁士艺术学院吸纳我为成员。今天比利时大使跟我说了一个好消息：比利时的国王在外国总理大臣的提议下，授予我“利奥波德骑士勋章”！

真是一个大大的惊喜！

我立刻提笔告诉你这件好事。新闻报道很快就会有大幅内容刊登，会有很多人心生妒忌。不过，我依然平静。我不曾追逐过这些，它却自己来了。让这惊喜给皮塞克的微笑增添一些内容，好了，我把杯子都打翻了！

保重。

你的

莱奥什·雅纳切克博士

卢哈乔维采风光,1927 年逍遥音乐会期间的中央广场

布尔诺,1927 年 4 月 30 日(No. 437)

我的好卡米拉,亲爱的,

今天(星期天),收到了你的信。你信中有强烈的不安,我什么都不能做,只能哀求你:"哦,请爱我吧!"我拥有你,你是我的,想到这些,它们是我生命里的全部快乐。你带来的巨大快乐是我从不曾奢望的,也从未曾想在其他人身上获得。我因此笑逐颜开。

因为你在我之中,因为你完全地统治着我,我不再有其他的期盼。我无法找到合适的语言来表达对你的渴望,表达对你的亲近。无论什么情况,我总是这么想,一个已经拥有这么可爱、快乐、皮肤黝黑的“吉普赛小姑娘”的人，还会有什么其他奢望呢？我知道我的作品将更富激情，更引人入胜，我的每一部作品，每一个小小音符上都坐着卡米拉。我关爱它们，每一个音符都将是你黝黑的眼眸。噢，你的眼睛，我总是想凝视你的眼睛，看穿它们，那是一汪深深的池水。这样的想法，这般的渴望总是支配着我。

哦，卡米拉，你令我难以冷静。然而，你在我心中点燃火光是命中注定。就让它燃烧吧，让它发出火焰，拥有你的渴望，拥有你！

我依然怀念那些我们并肩走过的地方，甚至是一起奔跑过的路！

不过卡米拉，千万不要走进森林！我很担心你，你抵抗不了那些邪恶的坏人。向我保证你不会这么做。下次来信的时候写上“愿意”，再次用上“Ty”。快乐起来吧，我一想到你是我的卡米拉也会同样地高兴。

今天是 4 月 30 日，星期六。我只能在周一给你寄出这封信。

亲爱的灵魂，让那维系你我的秘密永不消亡。上帝，请不要让任何人将它撕成碎片。我将守护这个秘密不让他人发现。毕竟，我不会因为这无法用言语描述的、对你的爱，而对其他人有所伤害。我只能用工作令自己疲惫不堪，你就像那枚遥远、宁静的小月亮，当我朝月亮凝望之时，这算不算是徒然？噢，卡米拉，写信告诉我你能够爱我！和其他任何人在一起时，我总是假设自己立在栅栏之后，而当我和你站在一起时，我要你我之间连“一丝头发”的隔阂都没有。你可以拥有我的全部，亲爱的灵魂，请你，以同样的方式把自己的全部交与我。

你的，完全属于你的

你知道么，我的灵魂，为什么我们必须小心翼翼地隐藏起来？如果我们真的已经属于彼此，那么我很清楚我现在该做什么。有谁会相信过了十一年之后，你我之间只有对彼此的渴望和情谊？没有人会相信事情的单纯简单。因此，我令人快乐的小火焰①，请怜悯我们吧。现在把一切证据都烧毁吧，炽热地燃烧吧，犹如感情！知道我是多么不情愿把你那些可爱的信件付之一炬么？但是为了你的平静，必须这么做。

保重，我的灵魂，卡米拉。

布尔诺，1927年5月2日(No. 438)

我亲爱的卡米拉，

我因为向你表白自己的爱而感到幸福不已，我终于对某个人做出了爱的告白。这从未发生过，与兹登卡也不曾有过。生命中相互间的感觉总是需要自行找到出口！相信我，如果

① 雅纳切克在这里提到的火焰意指他本人打算烧掉卡米拉的来信。

没有如泡沫般满溢而出的陶醉与快乐,生活也会失去意义。这是存在的高度,像一朵等待蜜蜂采撷花粉的花儿。当冬日来临,寒霜将至,花儿不得不结束盛放的花期时,花儿必定会忧伤。

噢,卡米拉,这些记忆不可能沉沉地睡去;我们的漫步也不可能被遗忘。我必须不停地写,大量地书写下这些,只因为那是你需要的。你等待着这些字句,正如我对你的期待一样。你千万遍地读它,而我贪婪地读着你。卡米拉,请在信的结尾处再次署上:“Tvoje známá(你的朋友)卡米拉”。你会为我这么做吗?

你现在还是黝黑的、小恶魔的样子吗?我应该惧怕你吗?噢,不,小灵魂,我不惧怕你。你当然拥有强壮的臂膀,不过你同样拥有柔软的手臂,它拥抱着。我更渴望后者,那样的你是不设防的;而我该怎样对待我的卡米拉呢?我已经把整个世界抛在脑后,因为你才是最美丽的世界。我将降下最深的黑暗将你我包围,直到我们彼此的眼睛如星辰闪耀。我不想看到其他一切,唯有我的嘴将亲吻你的身体,寻觅最深的快乐并最终得偿所愿。卡米拉,你明白,我现在把你想象成我的妻子,“妻子”一词包含许多,我把她想象成:一个灵魂,一个肉体!卡米拉,卡米拉,我亲爱的、挚爱的卡米拉!如今我心满意足地走着;没人看见我的沉思。一切对我而言都是那么清晰:你是我的,我居住在你心里。任何事,任何人都不能改变这一现实。在我们共同的世界里,永无落日。

如果你说:“Ty(你)不该过来,我感到害怕。”我想我会找寻合适的时机,用你的照片慰藉相思。我请求你,“不要害怕我”。我期待着你不再惧怕的那一时刻。已经有太多的快乐降临在我身上,还会有更大的幸福走向我吗,卡米拉?

你的,永远是你的

你知道是谁

你为什么会惧怕我?我做了什么惹你害怕的事吗?我当然没做过任何坏事。我会对你做什么呢?我知道,我知道!我难以言说地渴望着你!这就是你害怕的么?我的卡米拉!

布尔诺,1927年5月4日(No.439)

我亲爱的卡米拉,

早晨五点醒来,知道我先想到的是什么吗?我的卡米拉正在做什么?她,我真诚爱恋的人,我爱她胜过自己!

你给我的照片,我每天看着它才能躺下入眠,早上起来一定要先拿起它端详。你的嘴唇含着微笑,你的眼眸坦然地望着我。卡米拉,你是我的快乐。

关于那枚来自比利时国王的勋章,只有三个以前的学生向我表示祝贺。这里到处都是疯狂的嫉妒。骑士称号为我打开了一条路,将我带到整个社会面前。

你,我的小灵魂,你了解我。如果一个人爱着另一个人,他们一定是互相属于彼此的，不仅仅是表面，而是你中有我，我中有你。你在我身边像小鸡般光着脚奔跑，像猫般躺在长沙发椅上，而在我的眼中，我只看到我的可爱的卡米拉。你是我的，请完全属于我。

别忘了在某些时候要回答：是的，我愿意！

我将每天给你写信，却又担心引发这里的邮局，或者是皮塞克的邮局的好奇心，心想怎么这家伙每天都要送信！

六月我想去胡克瓦尔迪，为了那里的莴苣。我记得在你那儿我吃过一回，是不是？不过贵得很！

尤其是邮递员，他更要好奇这信都说了些什么。我将用蜡封好信封，你也要这么做。

你很快就要来和我们团聚了，我们将第一次如此看着彼此，这一瞥中唯有思念：我们彼此拥有！我们将快乐起来。

我将再一次鼓起勇气去布拉格，到时顺便去拜访你。如果你不在车站，我就直接到你经常晒太阳的“大石头”那儿找你。

好了，亲爱的卡米拉，好好的。

这是来自一个极爱你的人的愿望！

兹登卡今天给你写信了，她将告诉你手术的进展①。对此我不能给她任何意见，这是一次与生活的赌博。

---

① 兹登卡考虑进行甲状腺手术。起先，她被警告这是一个危险的手术，不过最终还是决定实施。手术于1927年6月17日进行，很成功。当时，雅纳切克正在胡克瓦尔迪。

唯有见到你我才会快乐,这里每天都在下雨。

你的

布尔诺,1927 年 5 月 5 日(No. 440)

亲爱的,亲爱的卡米拉,

你的上一封信充满了真诚。这很难令我冷静下来,我需要你传递给我的那份热烈与爱意。你说我们应该让这份情感自由地奔跑,没有急刹车地一路向前。是的,你是对的。

你,我的灵魂,坐在“大石头”上的你!太阳光很强烈,你要保护好自己,可别让太阳的火焰晒伤。大脑不能忍受充血状态,中暑可是糟糕的疾病。你一定记得在头上盖好头巾!你会乖乖听话吗?

我估计这个月底之前装修的事情可以完成,这里将变得井然有序起来。我们期待你的到来。

你将会慢慢告诉我更多以前你并不会说的事。而我,只想要简单的一个回答,这世上唯一的愿望,一种渴望,只是一个确信无疑的事实:我们真的可以完全属于彼此吗?你不想走进树林是件好事。我愿意成为你的一个这样的保护者:默默地,在你毫无察觉的时候,我大声地说,“举起手来!”随后,我将拥抱你,亲吻你。一个很好的保护者,是不是?难道你觉得不够好?所以你不愿意,不愿意对我以“Ty”相称?我总是对你说“Ty”。我知道总有一天，你会说的。

至于我，我的宠儿，对你的爱不会消失，而你对我的感情也同样不会消退。你需要强大的爱，很高兴你在我心中燃起了如此强大、不死的爱。

我们之间没有任何秘密，我们在偌大的世界里相遇，这一切都是天注定。“对生活的焦虑，循规蹈矩的状态”①，这些绝不是一个男人想要的。唯有现在，我才找到生活中的平衡。卡米拉，我们给予彼此缺失的那部分。

我总是想着你，你始终围绕在身边，看不见，像空气一样不能缺少。你是我的，亲爱的卡米拉！

你去邮局寄信，却没贴邮票就把信丢进了邮筒。结果追加了 2 克朗的额外费用！不过我很乐意支付这些罚款！如果需要，100 克朗也没问题！接下来的几天，我将反复阅读你先前寄来的三封信。我发现自己总是很难放下那些信！

你的，永远的

只想让这封信快点飞到你身边。今天这里很热，所以你一定记得：在“大石头”上晒太阳时要保护好自己。你总是充满热情，我也是；两团火焰，那将会是怎样的熊熊烈火！请写一封兹登卡可以读的信，告诉她你期盼着来布尔诺。她一直

① 雅纳切克这里指的是兹登卡。

在为你尚未给我写信而吃惊!① 我们现在应该写“血书”了!!

你的,永远的

布尔诺,1927 年 5 月 7 日(No. 442)

我亲爱的卡米拉,

……直到今天,我才将你上三封信烧毁;我长时间地凝视着那一点渐逝的火光,带着遗憾。你的信是如此之美,要是能将它们一一展示,大声地说出这一切该多好啊:瞧瞧,这些是我的卡米拉寄来的,那个我曾对她说永远爱她的爱人,我想可能她也同样地爱着我!似乎大地猛地被打开,当我对她说出“爱”,她缄默了,她跑开,而又站立在那儿,一动不动地。我重又追逐着她,是的,就像鸟儿们一样,鸟儿对于爱从来不撒谎。

你的照片是对所有这一切的默许,是的,就是如此。就让一切这么走下去,依照上天的旨意吧!如果万爱的上帝应允这爱,它怎么可能停下脚步呢,只能燃烧对你的渴望!

请尽快决定你抵达这里的日子!

我,还是平常的我,只是有时候我依然会在思绪中迷失方向。虽然只是在想些什么,你总是无时无刻不在我脑海里打

---

① 自从收到来自卡米拉三封热情洋溢的信,雅纳切克显然开始对兹登卡有所隐瞒。

转。透过你，我观察这个世界；透过你，我倾听这个世界；我真正看见了整个世界。即使是太阳，也必须透过你的心灵向我投射光明，因此它们令我感到如此地温暖。

好好保重，我心爱的人。

我还记得那片纵横交错的森林，穿过沼泽的牧场，穿过田野就能到 Topělka①，农场的那些狗，还有法尔卡与那个扶着手推车的女人，正往车上装满木头——所有的一切都曾真实地发生过，就像电影一般。

之前你说要告诉我一些事，我反复追问了你好几次。而你并不正面回答，甚至说得不清不楚，好像滴滴答答落下的露珠。如果你已属于我，我该怎么做？

如今，天堂的大门为我打开！我知道我能说出“你是我的”！我坚信我很幸福！

你的，永远是你的

那个难忘的夜晚，你在孤独中落泪。我至今都觉得难以相信，竟然没有亲吻你，没把你拥入怀中！你懂，我的灵魂。卢哈乔维采落下的种子已经长成大树，那棵树上悬挂着你的红唇，我真想像咬苹果一般把它们……

① 皮塞克附近的村庄。

 1854—1928

布尔诺,1927 年 5 月 8-9 日(No. 443)

我亲爱的卡米拉,

今天收到了你的信。这么说来,十五年的时光和一枚小小的戒指[1]?让我为你挑选一只可靠的金色圆圈,周围环绕十一颗捷克小石榴石。是不是很漂亮?你知道的,红色石榴石里一定有石头的血液。它们相互吮吸着彼此的血液,甚至其他石头的血液。所以石头总是冰冷,而石榴石却如此温热。它一定能温暖你,它不会令你平静。是什么总在燃烧个不停?你说你惧怕我。通过你小小的手指,它将钻进你全身。噢,来自我的温暖将倾倒在你的身上。所以,我将等待你的回答。

我的任命(普鲁士艺术学院成员)今天寄到了,很漂亮的文书,上面写着骑士勋章的字样。我们等你来一起庆祝!到目前为止,我的那些原本应该出于礼貌而纷纷向我表示祝贺的"朋友们"却无声无息。没有人,卡米拉,一个也没有!所以我们得好好庆祝一番!不过,我将把今天所遭受的原样奉还给那些人,以眼还眼,以牙还牙!

昨天我们去了森林。下午快四点的时候,我遇见了一个

---

① 此处指卡米拉夫妇于 1912 年 5 月 5 日完婚,1927 年是他们结婚十五周年纪念。

相熟的金匠,他沿路走着,看起来满脸通红,那么热的天他竟没有戴帽子。晚上七点在火车上,他突然中风了。卡米拉,你得小心,太阳多么恶毒!好好照顾你的脑袋!

你知道,我已经把你的照片摆放在面前,这样写信的时候就好像是在对着你说话。在你的厨房,你坐在长沙发椅上,而我坐在桌边。现在你应该已经进入梦乡了。小画像,你也好好睡吧!

5 月 8 日,晚上 9:30

你的信刚刚送到我手中,它令人难过。如果看不见你①,我不知道能不能活下去。我不再想去其他任何地方,不管有多远,只要能和你在一起!

请再一次用这样的署名:"Tvoje 卡米拉"!②

你们有没有再过一次蜜月,庆祝结婚十五周年?

一定要告诉我。

我只是想起从五月到九月我都可能看不见你!请想尽一切办法过来吧!

对于他而言,你是全世界。

我总是想,自己若变成你躺的那块石头该多好,或者是冲

---

① 卡米拉来信拒绝了雅纳切克请她到布尔诺小住几日的邀请。

② Tvoje,"你的",和"Ty"相应,是亲密的称呼;后文的 Tvá 也同样表示亲密关系意义上的"你的"。

洗在你身上的水，或者是把你晾干、晒黑的太阳。而我，却，什么也不是！

布尔诺，1927 **年** 5 **月** 21 **日**（No. 446）

亲爱的卡米拉，

如此地平静。

关于房子，兹登卡可以是很完美的模范。

自从我两个可怜的孩子死后，我一直想要孩子，可是她不想。

晚上，我待在自己的书房。早上吃过早饭，读了报纸，我便开始工作。

我从邮局回来，吃了午饭，聊了会儿天。之后，再次钻进书房，一直到傍晚花上一个半小时散步；之后晚饭，和我玩耍的是，狗！！

晚上，我继续待在书房。

这样的生活能满足我吗？

难道这就是幸福生活的意义？

我，一个充满热情天性的人，天生便要寻找和需要一个可以互相温暖，情感相通的灵魂。

命运指引你踏进我的小路，从那一刻起，我心中便有了一些牵挂，有了一些快乐的源泉。这不好么，难道就因为这样我就变成坏人?

我用这些问题质问自己,因为妻子冷酷严厉的个性,我就必须每时每刻都活在苦痛的生活之中吗?你不会夺走她任何东西,因为她从不曾拥有我在你照片里发现的一切。燃烧着对你的爱,我很快乐。它本该如此。只有你能了解,除了你不再有其他人这么了解我。

对每个人而言,我只是一个微笑的绅士。难道要告诉其他人雅纳切克怎么看待世界,真实的生活是什么样子吗?

谴责我吧,如果你想这么做。

如果我过于激动,请原谅我。

我的生命将保持同样的"微笑"表情。并不是每一只苹果都会成熟。而我的那一只当然不再会成熟。

告诉我,我是不是还可以继续以 Ty 相称?我的答案是肯定的。

你离我遥远,却在心中拥有最短的距离。

祝福你的太阳和,"大石头"。

你,永远的

布尔诺,1927 年 5 月 27-28 日(No. 448)

我唯一的卡米拉,

我热切地期盼你的来信。我知道自己严重地打扰了你,令人心烦意乱不得安宁。可你对任何事从不抱怨。请原谅我,既然一切皆已发生。

我尊重兹登卡所遭遇的一切,我并不想她过得不好。

只是,我需要自由的感受,我知道你对我的意义。不要怀疑自己,对我,你可是一个十足的保护者。我如今依恋着你,没有什么可以将我从你身边分开,直到我生命的终点。我想我将如此向她解释:我依然承认那些日子里的平静与幸福。

我将于6月6日出发前往胡克瓦尔迪,从那里给她写信说明一切。至于你,我希望在出发之前能收到你的来信。

6月6日起,我这边的地址是:

莱奥什·雅纳切克,胡克瓦尔迪,摩拉维亚。

不过那儿有个邮递员,总想在我打开信的时候教导我一番。那是邮递员应该做的事,是不是?因此我恳求你,密封好每一封信,并且告诉我你是用哪一种封蜡。

我不能再忍受这种躲躲藏藏。为什么应该隐藏这种渴望?我如何隐藏!我只因为它而生存。上帝知道,这种渴望是多么地远离满足。简单的一个“Tvá”用安静的光芒点亮了渴望,但不足以令它燃烧。我现在手中只有一封你的来信。你寄来的明信片今天送到了,看见你的孩子我很高兴。

保重,你是我唯一的惦念!

布尔诺,1927年5月27日

我在等待你的来信!或许你生我气了?而我的那些信,它们用潦草的字迹温暖着你,多好!

一切将会被点亮。没有其他可能。

在我的新歌剧里，你将化身成 Aljeja①：一个那么温柔、可爱的人。

1927 年 5 月 28 日

你的，永远的

卡米拉致雅纳切克，1927 年 5 月 26 日

亲爱的大师，

我必须告诉你鲁迪染上严重的风寒。……早上他还发着热，不过现在他平静地睡着，我希望这一切很快过去。他跟我说你带给他四个橘子和两块甜点。我只是在想你到底有没有找到郊游带队的老师，并从她那儿得知孩子们到五点之前都是可以自由活动的。你真应该给他喝一些暖和的东西，比如茶或者咖啡。不过，要做到这些可得有些爱心才行。你能想象你在皮塞克有一个男孩吗？然后责问：卡米拉对他都做了什么？她应该知道做好一个母亲所应该做的！我真的不知道我为什么要写这些。我想你那里正刮着北风，我依然记得上次我到访时刮风的样子。很难过，我无法入眠。……

① 雅纳切克的全新歌剧《死屋手记》。Aljeja 是一个鞑靼少年，剧中的主角彼德罗维奇教他阅读，两人之间有温暖的情感。在歌剧中雅纳切克给 Aljeja 穿上裤装，由次女高音演唱。

 1854—1928

布尔诺，1927 年 5 月 28 日(No. 449)

亲爱的，我唯一的卡米拉，

我给你寄了一些书。我自己不读这样的书，所以也不知道你是不是会喜欢。至少你读了之后可以告诉我。

你是知道的，我自己从不读爱情故事，也不曾有自己的爱情故事。

依照个人经验，爱情是痛苦的。我所有的创作，所有的歌剧，全都包含一个痛苦的爱情。我在这些故事中和生活中经历爱情，书本里从不会有如此多的真实。不过，不管怎样，希望你喜欢这些书。

书寄出去的时候收到了你的卡片，上面写着“我真不该把它寄出去”！为什么？

还有那封信，我期盼了许久的信。这信可真令人吃惊！

要是我早知道你的孩子将在布尔诺待到五点，一定好好款待他一番，像你招待我那样。那时候有那么多小朋友，我跑了几圈都没有找到老师！要是鲁迪自己能写信告诉我这次郊游的情况就好了。我可以向你保证，我比你自己还更关心这孩子，我知道那些乡间的峡谷有多么危险，想来我就替这些孩子们战战兢兢，当然最在乎的还是你的孩子。你怎么能用上如此谴责的言辞来质问我？

就因为我脑子里总有其他事情,我就该放弃关心孩子吗!不过我可没有冷落你的孩子,我内心的爱已经足够多了。

我想这些日子对你我都同样难熬。

只惦念着你

你的,唯一的

因为你的信我会很生气?不,不是那样;不过还是有点受伤。

布尔诺,1927年5月29日(No. 450)

亲爱的卡米拉,

我再次一字一句地读着你的那些指控。好吧,下一次,如果你的任何一个孩子想来看看布尔诺的 Macocha 洞窟,我将亲自照看他。我会带着他在布尔诺和附近转转,我清楚自己应该怎么做才能让他像一朵花一般回到你身边!

我看着这里的孩子,每一天放学后总是在布尔诺四下转悠,不管是下雨还是寒冷的时候,穿得很少,没人照顾地四处走着。看着他们,我总是觉得不舒服。

我将补偿小鲁迪,当然还有他紧张的母亲。如果那个母亲肯亲自过来,给予孩子适当的照顾,就会有完全不同的结果。

 *1854—1928*

我并不能从纪律严明的学校里带走鲁迪。那“两块蛋糕和三个橘子”究竟是好意还是罪状呢?

当我还是学生的时候,我外出时只有一片面包和黄油,连一只猫都不曾关心过我。

好了,来说说新闻:

1. 我已经公开对克拉玛尔博士①提出抗议。

2. 他们正在为我雕塑石像,7 月 1 日将竖立在什特兰贝尔克的 Kotouč 山上。Hrstka 医生②现在就在这儿,他拥有一大堆古董。我将邀请你丈夫过来。邀请你——我的灵魂,是徒劳的,我就不费心思了。

3. 我在为胡克瓦尔迪的行程做准备,你的照片将陪伴着我。它们是多么相像,就像咖啡和菊苣!那张照片和真实鲜活的你!至少,照片里的人总是朝我微笑,而你可是一个知道用语言讥讽他人的专家!不过,我不会因此生你的气。

好好睡觉,我也要同样心满意足地上床了。

今天是五月的最后一天,很冷。你可不能待在“大石头”那儿!

永远属于你的

---

① 雅纳切克在《人民报》(1927 年 5 月 29 日)上公开了对克拉玛尔(Karel Kramář)的抗议,并辞去由克拉玛尔创建的捷克斯洛伐克国家民主党的任职。雅纳切克在当时的总统大选中转而支持克拉玛尔的对立面马塞克。

② Adolf Hrstka(1864-1931),什特兰贝尔克当地的医生,收藏画作。

布尔诺，1927年5月29-30日（No. 451）

我亲爱的卡米拉，

可能我的信令你不快！

只是这一切没有任何改变：如果没了对你的思念，叫我如何生活。我们将成为同一类人。你绝对不会受到伤害，或者有一丝丝的折磨；到那时，你将与我在一起。无论如何请过来！

兹登卡所期望的那种生活才是我无法忍受的：简直比受折磨还糟。我不愿被剥夺自由的思想、自在的感受。你，与空气一般，对我而言都是必需的。在沙漠般的家中是诞生不出任何创作的。我情愿像被抛弃的普通人那样死去。

兹登卡必须接受事实。你是我的光：只要它亮着，我就活着。我不愿活在没有你的日子。我们的屋子如此平静，兹登卡烧着信。除了信里的"Tvá"，其他内容都算不得什么。就是这个词，"Tvá"，将使生命剩下的日子快乐起来。我说过，这个词是我自己从你那生抢来的。否则，在那封信中恐怕就只有Vy[①]了！好吧，就让兹登卡知道我内心的想法吧。她了解一切反而更好。总不可能长时间地隐瞒下去。

---

① 在信中，卡米拉惯常用正式的"Vy"（您的）来签名，偶尔她遂作曲家心愿，使用亲密的"Tvá"（你的）替代"Vy"。

你将我从那个可怕的、行为不正常的赫瓦托娃女士身边拉开，你一次又一次地拯救我；我用火一般的热情一次次给予你压力，却依然不成功。我热爱你的温柔，你纯粹的女人味，因为你为了我而痛苦。总有一天，兹登卡将看见你是如何守护我的，而她却没有能力做到这些。请尽快回信，告诉我你并不痛苦。

如果你认为我的信是我单独一个人的罪证，是误导你的激情放纵，那么你就留着它们。如果你愿成为住在我心里的人，那么就烧了它们。

我将烧掉这些信，我必须在任何情况下都保护你。

你的，永远是你的

5月30日，星期一。兹登卡并没有因此感到不幸，事实上也没有理由令她难过。我将使她信服，这一切对她也是好的。只要活着，我便不会放弃你！

布尔诺，1927年5月30日(No. 452)

我亲爱的卡米拉，

你在生气吗？其实没有任何理由生气。

很可能，你认为我一直处于这样的生活状态，无所牵挂，向窗外凝望，就像我待在你家厨房时常有的样子？我脑子里唯有你，看着你唧唧喳喳的样子，品尝着你的每一个动作，每一句话。

我记得你曾经问我，如果没有工作会干些什么。

你的确观察得很仔细。

自从回到家中，我便开始投入工作，如此兴奋以致心脏总是狂跳不止。不过，你是我的宁静天使，当天气炎热得令人心烦，你是我头上的一片树荫；当我需要温暖时，你可以是太阳：总的说来，有你陪伴，我工作得很好。

我已经在期待周一，离开这里，给兹登卡写一封长信。

这一次，我希望友好地、心平气和地向她解释我与你的关系。这其中有很多事情恐怕连你都不知情。

我想开诚布公地说明，你是我的牵绊，我以后日子的所有牵绊。

她是通情达理的人，很可能她会意识到我和她如此生活下去对双方都是折磨。我想她甚至能理解你的能量，你的信念，你对我的意义。我们将找到大家都乐于接受的，快乐、亲密的关系！随后，你将轻松地来胡克瓦尔迪，不需要任何借口，可以带上你的小儿子，或者大儿子，也可以两个都带着。

永远属于你

 1854—1928

布尔诺，1927 年 6 月 2-4 日（No. 454）

亲爱的卡米拉，

我揣度着是不是你，或者孩子病了，所以提笔给你写这封信。

不过，如果你病了，一定要立刻给我写信，你得保证！如果你恢复了，便可以不写。如果你觉得没有必要，也可以不写。

最近，手上有一些工作需要快速处理好，几乎没有闲下来的时候。有三部作品正在印刷出版：

1.《塔拉斯·布尔巴》

2.《拉什舞曲》

3.《儿歌》

我必须准备好一切印刷出版的材料。

最重要的是新歌剧《死屋手记》。

最重要的是普鲁士学院的骑士授勋，最重要的还有你的“Tvá”，好了，够了够了，够我高兴上十个月！

今天这里有 38 度！难以忍受！

布尔诺，1927 年 6 月 2 日

今天会不会有你的来信？我等着。

布尔诺,1927 年 6 月 3 日

没有来信。我想可能是你病了,但并不确定。每次你缄默,我就会想你是不是病了,不过,每次你都很好。

这有点像“狼来了”故事里的那个牧羊人。他叫喊着:“狼来了,狼来了!”等村民跑过去时才发现并没有狼。又一次他大叫“狼来了”,村民们便以为他又在骗人。可这一次,狼真的来了,吞吃了羊群和牧羊人。哪一天要是你真的病了,病倒了,我却可能不去救你!

这是我离开布尔诺前的最后一封信。

保重,

永远属于你的

今天依然一无所获。谁能帮我看看你脑子里究竟都是些什么!不过你依然是我生命中唯一以“Tvá”相称呼的人。

1927 年 6 月 4 日

 *1854—1928*

卡米拉 1927 年在
卢哈乔维采

胡克瓦尔迪,1927 **年** 6 **月** 8 **日**(No. 456)

亲爱的卡米拉,

现在我又归隐山林了;走进我的树林,就像你常去亲近你的“大石头”。在这里,思绪知道如何快乐地、持久地飞,真好。它们与你一起闪烁,只是不肯飞回来罢了。你把我飞去的思绪留在身边,已过了好几个星期!

昨天我向兹登卡写下对你的牵挂。一次敞开心扉的告白。我想她会明白。你我之间是一个美丽的世界,世界里美丽的故事,这些渴望,愿望,Tvá 和一切,全部被创造了出来。

我告诉她,这个假想中的世界对我犹如空气和水一般,在生命中不可或缺。

我告诉她,你的出现将我从令人厌恶的 H(赫瓦托娃)阴影中拉了出来,你不知道这十一年来,你已是我的守护天使,可能你自己都毫不知情。

我亦告诉她,在之后的所有作品里,纯净的感觉,真诚,真实和散发着温暖的燃烧之爱,所有触碰这一切的旋律都来自于你。你就是《失踪者日记》里带着孩子的吉普赛女人,你是可怜的伊琳娜·马克罗普洛斯,在我最新的作品里你是可爱的 Aljeja。我告诉她,如果将我与你相连的线切断,那么我的生命之线也将随之崩裂。我想她能理解所有这一切,尤其是十一年来我们之间的秘密!

我并不需要什么回应,如果没有这十一年,我便无法活得安好。而现在,我要严肃认真地问问你,为什么你不写信?

永远属于你

卡米拉与雅纳切克

卡米拉·斯托斯洛娃（以上两张照片均摄于 1927 年 8 月的卢哈乔维采）

布尔诺，1927年10月8日（No. 498）

亲爱的，心爱的，

……①

如今，我依然记着我们在卢哈乔维采共度的时光，定格在那些生动的回忆里；我差点流下泪来！望着 Světlov 和你的小房间，我如此悲伤。为什么这些瞬间不能永远停留？为什么有时候人们必须经历这些刺痛与伤痕？当我们一起在照片上书写时，我几乎可以看见与你相伴的自己。而这一切时光不可能倒流！记忆的背后总是站着忧伤！你，朝我弯下腰来，我可以感受来自你身体的温暖；你如此地近，我无法记下这种幸福。我们可爱的、美丽的卢哈乔维采！是不是在那儿的每个人都如我们般幸福？没有人，一定没有人比我们更加快乐。噢，人总是不了解隐藏在爱里的宇宙。然而，卡米拉，眼泪冲刷着我的脸颊。为什么？令人疼痛的爱，你会明白。我亲爱的灵魂，为什么我如此爱你！我想没人能真的相信。

今天上午我写了很多，都是些感人的音乐，在它们背后是你可爱的画面，你充满柔情的脸。因此这种忧伤，我无法用语言表达。

---

① 信的顶部被撕掉了一角，文字有所遗失。

 *1854—1928*

必须冷静下来。眼泪释放了悲伤，但在其他一些时候，它们亦能将一切吞噬。不知道今天邮局会不会有来自你的只言片语？请常常记挂我，为我收藏好你的微笑与那些笑话。对我而言，它们都是治愈伤口的必需品，而对于其他人，请不要留给他们。

今天是星期六，你应该会去电影院。如今在布尔诺，他们都在讨论皮塞克的卡米拉是多么伶俐漂亮，品位有多么不俗。要是他们看见那件为音乐会准备的蓝白色礼服该会多惊讶，连飞机都在你身边盘旋。看见你备受瞩目，赢得旁人的尊敬，我很高兴。10 月 28 日将颁发国家音乐奖项，基于先前的一系列创作，我应当会捧回大奖，但布拉格的沉默似乎对我并不十分有利。他们都是只想着自己：“别给他奖，他拿得已经够多了！”是的，我已经拥有了最珍贵的宝贝，最值钱的财富，只是他们不知道你就是宝贝，你就是我的财富。

好好的，我的卡米拉！

你永远的

莱奥什

卡米拉与丈夫。"在这张照片里,你大跨步地向前走着,好像你过一会就能走到布尔诺了。不过,我喜欢你突然抬起头的样子。"(1927年10月16日至17日信,编号501)

布尔诺,1927年10月19日(No. 502)

我亲爱的卡米拉,

……

11月初意大利作曲家马斯卡尼要过来,他们将演出我的《狡猾的小狐狸》,如此一来他将听到一些我们的轶事。

周围总有很多事情围绕着,我应接不暇。而看着照片就仿佛听见你对我说话:要是她能亲自走到我面前多好!难道你不是我最渴望的期盼吗?接下来,应该让这种渴望在你的阳光下得以生长。

你如此娇小漂亮，却对我释放出如此大的能量！明天我将给你寄去 2000 克朗，这是我所欠的照片费；如此，那些“孩子们”①将很快成为我的。真正的“我的-你的”孩子！依照你的指示，他们来到我身边。

你还好吗？

请务必写信告诉我，不管是好或不好！我需要你的健康，如此我才能健康。我匆匆忙忙赶着今天把这封信寄出去。

我总在想会不会出现一位好管闲事的家伙，专门盯梢这些日常通信？

而这些文字只能属于你我之间。当一座大山将我们分隔，我们如此对话。没有它们，我无法生存。

你永远的
L.

［邮戳显示为布尔诺，1927 年 10 月 24 日］（No. 504）

我亲爱的卡米拉，

你知道吗，如今在布尔诺人人都知道我与你在皮塞克一起逛街的轶事，并且描述得绘声绘色。他们是这么说的：一位“严肃正经”的绅士与一位穿着红色花裙子的女士！更令人吃

① 指两幅由 Frantisek Dvorak 拍摄的照片。

惊的是，这都是兹登卡告诉我的，她竟然一点愠气也没有！

我大笑不止！你知道在布尔诺，我从来不去市集购物。这一切都源于那个女画家，上帝才知道她叫什么名字，她在布尔诺把“新闻”传了个遍。

真好，我们如今可以真正地出双入对了！说不定哪一天，她将在树林里遇见我们！这倒真有些令人害怕！还有契斯凯布达札维（Česke Budějovice）！那里的剧院将去挪威巡演，他们也会演出《耶奴发》①。因此我必须去一趟，看看这出剧目在布达札维的效果如何，我不允许他们在国外羞辱我的声誉。我将于27日到布达札维。你看看，命运总是指引着我们走到一起。我现在是如此期待我们的重逢，快点邀请我吧！

不过我很难过，因为你不写信。今天，我多么渴望能读到你的只言片语。

去布达札维会不会经过皮塞克？如果没有，就应该建出一条途经皮塞克的路来，不管花费多少。我会为了你在中途逗留，带上你，嗯，我最想做的事就是挟持你。

我正在谋划一条通往皮塞克的路线。他们总是说，条条大路通罗马；从此以后这句话就应该改成“条条大路通往皮塞克”！

这世界变化多快！

而你，我亲爱的灵魂，你现在在做什么呢？

不管这照片看起来如何，我还是把它附在信中寄给你。

① 事实上，契斯凯布达札维剧院并未到挪威演出。

想象着你现在可能正斜靠在长沙发椅上休息；现在是下午一点三十分。

你，我亲爱的小恶魔，保重。我将一直惦念着你。

你永远的

L.

布尔诺，1927 年 10 月 26 日（No. 507）

我亲爱的卡米拉，

今天是 10 月 26 日，星期三。晚上八点的时候，我正在看《国家政治报》，里面有这么一篇文章写道：布达札维，《耶奴发》第二十七场盛大演出。就此，《人民报》从未提过一字半句，就连之前的《国家政治报》亦是悄无声息。

当然了，现在赶去布达札维已经来不及。他们特意替我做主更改了行程计划，不去布达札维，改去皮塞克。估计他们是害怕我的到场，因此节目总监连请都未曾请过我。

我从不抱怨命运。只要它将你带到我身边就已是莫大的眷顾。因此，我和善地对待每一个人，相信终有一天布达札维之行会自己走到我面前。

在你我的关系中有些冥冥注定。想想我们在卢哈乔维采的第一次相遇，再想想今年！至于将来要面对什么，命运会将它自己带到我面前，或许一切将比现在更明媚。

关于国家奖项，原本还是秘密，预备给我一个惊喜。至少已经有两到三个人对我耳语，并一再叮嘱不要泄露出去！我总是能装出一副很吃惊的样子。想想星期五，我将是一副多么“惊喜”的样子！①

如果“我们的命运”告诉我：“娶这位叫作卡米拉的快乐姑娘吧！与她快乐地生活在一起！”那将是最高的国家奖项，最大的认可，最令我高兴的事。

对于其他人我是如此冷漠。啊，是的。我有一种预感，总有一天我们将说出那样的誓言，公开地、确切地，说出坚定的话语。

你说你很高兴自己又重新找回了平静，而对于我，平静是乏味的。我不喜欢平静，除非是在快乐的喧闹兴奋之后，当然快乐的喧嚣也总是因为有你。如今你需要平静，我则要继续投入工作。等你重拾欢乐、诙谐的情绪，我恐怕要被这工作的大石头压得喘不过气来。我只需要看看你的照片就足够了！望着它，仿佛你就活生生地站在面前，你给我的这张照片带给我快乐。

你在我的脑海里静静睡去！照片里的你笑得如此肆意，你总是令我开怀！

---

① 国家奖项于10月28日，星期五公布获奖名单。雅纳切克的歌剧《马克罗普洛斯事件》获奖。

1854—1928

布尔诺，1927年11月11日(No. 513)

我亲爱的卡米拉，

现在是凌晨两点！想象一下，刚刚从马斯卡尼①的音乐会现场归来。

我们之间以一种友好的方式相互结识，明年开春他还会回到此地，马斯卡尼对《狡猾的小狐狸》很感兴趣，想了解一下这部作品。不过说到他的妻子，天啊！如今我意识到，拥有你是多么快乐的事。你安静、尽心尽力又温柔的灵魂。她是如此吵闹，在餐桌上为了一杯水重重地用拳头敲击着桌子。是的，卡米拉，我们的性格相辅相成。望着你，仿佛是望着平静的水面；在你身上我有时间好好端详自己，并找到平静与满足。我有时间思考，有时间爱你。

恐怕你已入睡，这封短信或许可以送进你梦中！

……

现在我要跟你说个有趣的故事。马斯卡尼夫人一直不依不饶地就舞台事务发表意见，最后制作人受够了，他直接将女士带进会堂关起来，不让她出门。你可以想象她狂敲大

---

① 10月10日晚，指挥家皮埃特罗·马斯卡尼(Pietro Mascagni)在布尔诺的捷克国家剧院指挥《阿依达》的演出。

门的景象!

……今天我将继续等待你的来信,不知道还会不会有那两个可爱的词出现。你知道我说的是什么,那两个神奇的词语!当两个人互相交付彼此时,一切是多么美妙!

没有比这更美好的事了。

……

保重,我的灵魂。

你永远的

L.

布尔诺,1927年11月15日(No.516)

我亲爱的卡米拉,

看演出时,当我轻轻用手肘推你时,但愿你没有介意。那只不过是一些轻微的触碰,一种亲昵。我可真担心你会因此大叫出声,要不然,我一定要紧紧拥抱你!上帝不许我这样!不过这主要还得怪那部轻歌剧,总的来说它真是蠢极了,除了一些个别的地方令我发笑。

如今,我的爱人,当我看见那些苍蝇腿儿们①,你知道我的感受!我脑中立刻会闪过这样的念头:他们俩之间必定发生

① 雅纳切克这里所说的“苍蝇腿”指的是卡米拉潦草的字迹。

过什么！

我可以想象你披裹在那条围巾里的样子，它很适合你，多么想亲眼看着你戴上它。你有没有将它随意地搭在肩上？你冷吗？这漂亮的披巾是不是你丈夫①送给你的？或许，你的丈夫宅心仁厚！他当然爱卡米拉，因此看着这样的场景，心里也要止不住地隐隐作痛。如果他能知晓什么令你快乐，他将喜欢阅读你乌黑的双眼，那么他纯粹的爱将带给你快乐。

因此，你，这位丈夫，请永远作为丈夫站在“棕色的”卡米拉身边。

噢，恐怕你会觉得我在自娱自乐。

先前，马斯卡尼与我并肩而坐，他并不是一个能说会道的人。我不停地用问题与他攀谈，徒劳无功。在他的故乡，马斯卡尼过得并不顺遂，精神看起来也不太好。他希望能了解我的一些作品，初春的时候会再来布尔诺。对于我自己而言，如今十分渴望了解究竟外部力量能给予我怎样的影响。无须自我欺骗，我常常陷入沉思，甚至在自己的世界里走不出来。如果我脸上挂有笑意，那是因为看见了远方的你。对别人而言，这样的我总是令人困惑的，因为他们不了解你的存在。

如今，他们正在准备 12 月 5 日上演的音乐会，演奏我的《格里高利弥撒》。如果方便，你可以通过广播收听到这场音乐会的直播。我们尚未完全准备好，不过两个星期以后就要登台亮相。

---

① 这里“丈夫”指雅纳切克自己。

还有那架钢琴！我很好奇你买了什么样的钢琴！是坚固的Blüthner吗？等钢琴摆放好，你可以让奥托学弹钢琴了。

另外，有一个建议：钢琴的摆放要离开墙壁一些，不要让它紧贴着墙。如果能在墙上挂一幅壁毯就更好了。

卡米拉·斯托斯洛娃，摄于1927年

买钢琴花了多少钱，34000克朗还是3400克朗？

我们总是有好多话要说，不管是快乐的还是严肃的话题。卡米拉，你总是能在这两者之间轻松驾驭。

保重，

你永远的

等钢琴到了，我可以教你弹钢琴。多么有趣啊！

1854—1928

布尔诺，1927 **年** 11 **月** 16 **日**(No. 517)

我亲爱的卡米拉，

如今你在皮塞克备受尊敬，我实在很高兴。是不是这么多的信有点过于频繁？

星期五一封，那封躺到周日都还未来得及阅读，星期六又来了第二封，同样被丢在一旁；星期天飞来第三封，三封信一起堆放在你面前。……

今天我有点不在状态，不知道为什么。

我宁愿放下笔，这样今天就不会有需要投递的信件。

不过，我就是停不下来。

你知道，我可以在一个小时之内教会你弹钢琴。听着：

1. 坐到钢琴边

2. 看着键盘

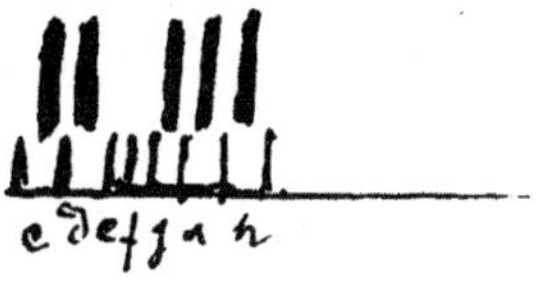

cdefgah[1]

3. 突起的黑色键盘的排列规律总是两个黑键后接三个黑键

4. 用你的手敲击它们，并唱出它们的名字：c d e f g a h

5. 依照一定次序练习几次，从上往下，从下往上，用任何手指敲击

6. 你是一个聪明的姑娘，这么一来你将学会用一个手指演奏钢琴

先是这个顺序：a g f f e e

然后是这个顺序：e d d a g g

接着：a g f f e e

接着：e d d c

每一个音符演奏同样的时间长度。猜猜这将是一首什么曲子？①

“这是我丈夫买给我的钢琴”，不知道你是不是能轻松地说出这样的话？

你永远的

L.

---

① 这首歌是“世上再无什么令我快乐”（Ach, není tu, není, co by mne těšilo）。奇怪的是，雅纳切克并未选择一首自己的作品或者他擅长的摩拉维亚民歌。这首歌曲来自波希米亚，有很多个著名的版本被印刷成册。可能雅纳切克选择此曲仅仅是因为它的简单旋律，或者它的歌词：“他们总是不间断地给予我不想要的东西。他们给我一个鳏夫，他只有一半的心；那一半他给了自己死去的妻子，剩下另一半他将给我。”

 *1854—1928*

布尔诺，1927 **年** 11 **月** 29 **日**(No. 525)

我亲爱的卡米拉，

……

我觉得自己像是在关禁闭。然而今天是充满荣耀的日子！那位法国评论家①出现在音乐会排练现场(一切都为了《格里高利弥撒》的首演)。他对此作品评价很高，他说这是我最伟大的作品。

排练结束后，我们两人一起在餐厅坐了会儿。

《格里高利弥撒》于卢哈乔维采开始动笔，那是我最忧伤的一段时光。以后我一定要在自己最快乐的时刻写一部作品！那些小天使们将和你一样调皮捣蛋，谁都无法让她们安静下来！

你的小脑袋与身体究竟是什么构成的？不受驯的灵魂，如此洒脱，无拘无束。显然你是快乐的。我很想就这么看着你。当然了，你从不沿着街道好好走路，你几乎是飘动的姿态。还有那眼睛！它们在舞蹈。它们如焰火般闪耀！

还有你胸前的起伏，它们不仅仅是伏尔塔瓦河小波浪的漂亮弧线，它们是激动人心的大海，与我伦敦之行途中看见的

---

① 法国评论家威廉·里特(William Ritter)。

大海一样波澜壮阔。

我狂野的姑娘，我们俩都很快乐！现在请你回答我的问题吧，请说“是”。是！是！是！我渴望看见这样的答案。

你永远的

L.

布尔诺，1927年11月29日（No. 526）

我可爱的灵魂，

今天，真希望能在我小小的房间里与你在长沙发上并肩坐会儿。做完饭后，你躺下来休息，我一直望着你、轻轻地抚摸你。

黄昏的光渐渐袭来，思绪淡然，那是最棒的感觉。

我很疲惫，因此愈加渴望这样的时刻。

昨天一整晚都在排练现场；不过它最终的呈现一定不错。

晚上，我在给民歌写介绍文字，不久它将印刷出版。我将去布拉格，然后与你在一起。

还有那部黑色歌剧《死屋手记》，工作量很大。

对我而言，创作过程似乎令人逐渐跌入谷底，身体在一点点坠落，触摸那些最底层、最可怜的人类。我举步维艰。

你是我的安慰，我的光，赋予我坚韧长久的耐力，支撑我走完这部作品。

 1854—1928

布尔诺，1927 年 11 月 30 日(No. 527)

我可爱的灵魂！

……

我们来说点正事。下周三(12 月 7 日)上午 11:30 我在布拉格有场会议。你觉得我周四到你那儿合适吗？之后我再返回布拉格看看那里的剧院有什么进展。或者还有一种选择，我把在布拉格的事务处理完毕后再过去找你，大概是周六和周日，你觉得怎样？前一个方案对我来说方便些。

我马不停蹄地创作着，一部作品接着一部作品，似乎在为生活中的柴米油盐没完没了地干活。我们一共准备了一千首民歌①，准备印刷成册。这项工作开始于 1901 年，这意味着整整二十六个年头啊！

至于新歌剧的创作，我更像是一位匆匆忙忙的面包师，拼命把大块大块的面饼往烤箱里丢！

如果我能实现，你知道我现在最需要什么样的平静吗？

不让你逃离我的怀抱，至少三天三夜！我如美丽的蝴蝶般充满喜悦，你知道我曾无数次地在作品中勾画它们的样子。那些小东西们现在都在哪里？她产过卵，在春日的阳光下又

① 指的是雅纳切克研究收集多年的摩拉维亚情歌。

会飞出怎样的生命？当然了，她曾小心翼翼地把卵儿们藏起来，之后把一切都交予命运之神。还有他和她怎样了？一场初霜毁了他们。

还有我们这些人类！是不是一切法则的运行同样适用于我们？不知怎地，我对每件事都觉得难过。

每当我结束某项工作时，总会觉得难过，只能放在一边，不愿让思绪徘徊。

还有我们俩，我们离那些蝴蝶的生活究竟有多远？

它们快乐无比。

为什么我总不能把它们从脑子里抹去！

你能感受到我那片狂野、绿油油的森林吗？山坡逐渐升腾起的温暖弥漫着馥郁的香气。花茎上随风摇曳的小小摇篮，它们俩在爱中结合。我可以清晰地看见它们红色与暗色的花纹，你身上也有同样的颜色。它们如此快乐地相守，甚至一动不动。我想这便是"它们的永恒"，它们不在乎夜晚的黑暗。第二天清晨，当阳光向它们问候时，那是多么大的惊喜！

就让命运对每个生命一视同仁吧，对它们如此，对我们也如此。我期待着你的到来。

即使你一个浅浅的微笑对我都是珍贵的礼物。

这里的人们怀着激动的情绪期待着音乐会的到来。那位法国绅士表示还要再来一次。他如今身在布拉格。

如果作品真如他所说的那样好，我便心满意足了。

你永远的

L.

 1854—1928

布拉格，1927 年 12 月 14 日［应为 13 日］（No. 534）

你这个可爱的小灵魂，

这一天终于结束了。我到达后，预约进驻酒店，出去买了些香肠，随后又去询问《马克罗普洛斯事件》歌手的选角情况。我寻思着他们都是最棒的歌手。之后，我购买了一张前往布尔诺的车票，吃了午饭，在金斯基公园散了会儿步，我大概晃荡了近两个小时。现在是晚上六点。我与现代音乐协会的管理人员[1]会谈。他们同样希望演出我的《格里高利弥撒》。这件事，我们已基本达成共识。

你能对菲比赫[2]及他的安内兹卡感兴趣，真是太令我高兴了。书中有一些很学术的部分，看不懂的就跳过。那些适用于我们的就好好记下来，告诉我。对于如此强悍的一个男人而言，安内兹卡身上一定有某种吸引人的特殊之处。大块头

---

[1] 雅纳切克会见的人是 Mirko Očadlík，此人后来就职于捷克广播电台，1952 年成为布拉格查理大学的音乐教授。

[2] 1893 年，捷克作曲家兹德涅克·菲比赫（Zdeněk Fibich）将六首钢琴作品赠予自己的学生及爱人安内兹卡（Anežka Schulzová），其中一部分作品开始创作于 1892 年，一直到 1899 年，作品扩充为由 376 个小品组成的套曲《情绪、印象及回忆》，是史上最大规模的钢琴套曲。菲比赫在此记录了两人共同生活的时光，通过音乐语言描绘了安内兹卡变幻的身体姿态。后有 Zdeněk Nejedly 在《兹德涅克·菲比赫的情色日记》（*Zdeněk Fibich's Erotic Diary*）这本书中探讨了这组作品及曲目背后的故事。该书于 1925 年在布拉格出版。

菲比赫，这个还算不错的家伙爱上了她。

你同样拥有奇特的魅力，总是将我牵绊。你并未在我身边撒下将我捆绑的网，而我可以肯定安内兹卡一定苦苦编织着可以笼络菲比赫的网，令他无法出逃。我找到了散发魅力的肉体与纯粹自然的灵魂；而他找到了衣着邋遢的女人①和单词语法。他把注意力放在一个驼背人的身上以及那些淫欲的感官享受，而我将用旋律覆盖你漂亮的伏尔塔瓦河波浪。你的腿如梭鱼般敏捷，你的嘴犹如通往庇护圣所的小小窗户，内有燃烧的炽热，我将在你的子宫内放上最美丽的生命。

今晚我将参加一场音乐会，你的陪伴令人高兴。明天我将返回布尔诺。有点感冒，但愿你不会和我一样！

如今只想着你的
你永远的
L.

---

① 安内兹卡，受过良好教育，二十岁时曾发表有自己的音乐评论集，并有译著出版。她的脊柱有些轻微变形，然而从照片看，并不能说她是丑陋的女人。

 *1854—1928*

布尔诺,1927 **年** 12 **月** 18 **日**(No. 538)

我亲爱的卡米拉,

……

直到今天我才真的感觉好些;现在我的嗓音比原先更加洪亮了。关于我的工作,《死屋手记》的创作已经进入最后一幕的校订,噢,完成它意味着一块沉重的大石头落地!

我将致信莱比锡,让他们至少将《耶奴发》的演出推迟一周。我需要与我的宝贝在皮塞克待上一两天。

今天是星期五。我知道你一般都会在这一天打扫房间,我猜得对不对?在你家做客的时候,我总是很挑剔,是不是!一个“挑剔”的客人!不过我们共度的那四天,仿佛一切就是在我俩自己的家中,感觉回家了!但愿你睡得安稳,我亲爱的灵魂!

……

过段时间,我给你寄些我的歌剧,这样至少在那架钢琴上可以摆放些东西。等我来的时候可以弹给你听。如此一来,那个小房间简直就是“天堂”。当人们身处天堂,来上一点音乐总是必要的。

我想大概 1 月 8 日到你那儿,不过还不敢确定,得等到邀请函后再说。

还有，卡米拉，你是一个知道如何令自己走进圈子的高手，这是难得的好品质，人们立刻就喜欢上与你相处。你完全可以成为一个出色的外交家，所有政治派别估计都会把你当作“自己人”！包括总监科德尔先生，《普拉切恩斯基报》的工作人员，以及体育馆的那位，甚至是来自工业学校的科霍切克，还有平茨先生——好吧，你几乎已将整个皮塞克装进自己的口袋里。

不过，不过有一个人知道你只属于他；他看着自己这位出色的外交家，脸上现出喜悦的微笑。你知道那个人是谁吗？猜猜看，女占卜师，我讨人喜欢的小淘气！

永远属于你的

布尔诺，1927年12月19日(No.540)

我可爱的灵魂，

谢谢你今天的来信，至少我的脸上又有了一丝快乐的笑容。我们得说说行程。

我们的使馆专员从维也纳寄来一封信，称想要在大使馆组织一次乐评人与音乐家的聚会。届时，让我就自己的作曲方式进行演讲，现场将安排演奏一小段我的音乐。我回复道：我从未想通过演讲来说服任何人，那个维也纳完全视我为空气，我不想将自己的意志强加于任何人。

不过，我依然邀请这位使馆专员来此一聚，聊聊天。他应该来布尔诺看看，不过我不知道这件事什么时候能成行。

你务必要有心理准备，说不定哪天我不得不从维也纳给你发来电报，这事随时有可能发生。

第二趟行程是去莱比锡。

首先，我并未得到邀请，因此"莱比锡"并不是什么非去不可的地方。我总是更习惯于先得到热情的邀请。兹登卡对莱比锡之行兴致勃勃，而我觉得还是不要去的好。

依照计划，《耶奴发》将于 2 月 7 日在莱比锡上演，但是 2 月 7 日我必须去一趟布拉格。

2 月 7 日——这第三趟行程对我来说至关重要，我不能推延此计划。接下来说说与你有关的行程。你可以到斯特拉日尼采（Strážnice）吗？当然了，我将在斯特拉日尼采车站等你，随后我们一起去维也纳待上两星期？我在布拉格逗留期间这个安排是可行的。

无论如何，让我知道你的地址，及时告诉我你身在何方，我也会第一时间告知你我在哪里。

这些行程说来还有些远，事情总归会有变化。

对了，别把摩托车想得那么糟糕！它给你快乐，你将变得健康，所以它是个不错的东西。

是的，只要简单的一瞥，有时候那便是救赎！

现在我们来说说菲比赫的安内兹卡。

她究竟如何做到让另一个人迷恋着她，眷顾着她，而她只是一个可怜的身体有残缺的人？

你我之间是纯真的情感,不论怎样总会爆发出激情的火焰!

而"菲比赫-安内兹卡"的关系与我们不同:他们间的温暖慰藉是长期"锤打锻造"而成的,一切源于他们的工作,剧本创作,实际上,这其中并不存在自发的温暖!他们没有孩子!却有一大堆愚蠢的、没有必要存世的歌剧①。

如何才能知道你我之间究竟该有怎样的火花,是不是会有孩子来到这个世界,会不会在这部歌剧、或者下一部歌剧中勾勒我们的故事?对我而言,一切都有可能发生,因为我爱着你。

你就是我真挚的爱,我的圣火:在你之中,金色将化作指环,唯有上帝知道会发生什么。

对我们俩而言,一切都是简单的:我们希望在爱里生活,而他们仅仅是生活在枯燥的工作中,只能靠着工作燃烧起一些激情的火焰。而那究竟是什么,他们却只字不提。现在,你会如何看待这些呢?

你永远的

L.

---

① 安内兹卡为菲比赫的最后三部歌剧创作剧本。这其中包含了菲比赫最有名的一部歌剧作品《萨尔卡》。有趣的是,与雅纳切克的首部作品题目相同。雅纳切克的这部歌剧创作比菲比赫早十年,但并未搬上舞台。雅纳切克在此关于菲比赫与安内兹卡的观点是有说服力的,他本人曾观看过他们二人合作的首部歌剧《赫迪》(*Hedy*)的彩排,"这是一部如此干瘪的作品,已经到了令人哑口无言的地步"!

 1854—1928

除了祈求你的爱,我还能祈求什么呢?上帝不允许!只要你是你!你便是我的宝藏,可以让我一直勾画下去。这个宝藏永远不会被耗尽。

布尔诺,1927 年 12 月 24 日(No. 544)

我亲爱的卡米拉,

你注意到了我的《失踪者日记》里的精彩段落,真是太好了!

你知道,那种感觉仿佛是坐在森林的一棵冷杉树下,属于我的森林,属于我的树。

还有另外一段也很美妙!结尾处——Žofka[①]将孩子抱在怀中,而他追随着她。

这部作品总让我沉浸在对你的思绪中。你就是我的Žofka!……

这个完全属于我自己的夜晚充满了卡米拉!你点头称是的样子,我轻数着那些没有尽头的"是"!

现在是平安夜。在我的屋子里没有节日。时间悄无声息地、毫不相干地如小溪流上的微波般流逝,它是如此无关紧要,不惹人注意。仿佛是被抛弃了,它们耳语着,却无人来听。

① Žofka,歌剧《失踪者日记》中的那位吉普赛女人。

它们就这么跑着，跑着，没有人可以阻止。冷酷的命运。

你将是闪耀的彩虹，如此鲜亮快乐。我将追寻它，或许我有这个幸运让它在我的眼前驻留。

这样也很好，甚至更美，或许可以说是最绝妙的结局！然而，站在背后的永远是对那位黑色女子的深深渴望，我不会恐惧也不能恐惧。她的微笑，她的一切已给我下了一个咒！

愿你有快乐的一天，而我也会试着快乐起来。

你永远的

L.

布尔诺，1927年12月30日，夜晚（No. 550）

我亲爱的卡米拉，

我满怀忧伤地从邮局回来，没有你的来信。如今我多想收到你的消息，听你说身体已有好转。嗯，明天是今年的最后一天，我们值得纪念的1927年的最后一天，或许我可以等来些什么。我的脑海里飞快地闪过一年来我们共同经历的每一个瞬间。

在某个地动山摇的时刻，在那个地方当我第一次对你说出“Ty”，代表着卡米拉的“你”，这个只有我们之间可以看懂的名字。在那里，我们真应该至少撒下一些花种，以此作为纪念。

它们令大树无法生长，

它们令玫瑰花儿凋零，

没有任何植物与花可以在那里存活。在那里，只有一些很普通的小花，一朵蓝色的矢车菊或者红色的罂粟！是的，就应该这样！我们永远不会迷失地标！如此多的种子，没人可以将它们完全剔除干净，而且很容易可以买到或得到罂粟花的种子！我的卡米拉，等下一个开春，天一暖和，我去找你，我们将一起撒下罂粟花的种子！

那将会有多少花儿啊！至少会有一枚种子存活，渐渐地，它就能孕育出一大家子！你同意吗？不过现在，想想手上必须完成的工作，这部歌剧①真的写得很艰难！

这是一个悲伤的故事！那个夺走了阿库莉卡生命的男人极度悲伤地讲述着自己的一生，还有阿库莉卡。他是多么地爱她！以后我会跟你说说他们的故事。

他在夜晚的黑暗里低声地说着，病人们围躺着。

就这么听他说出自己的忏悔，

听，那是一个夜晚，

听，他正在偷偷地说话，

听，周围的病人们都在深深地叹息，

听，感受他话语间可怕的伤痛！

---

① 指《死屋手记》，雅纳切克最花费心思的作品之一。这里提到的段落是第三幕西思科在医院里的独白，讲述他如何谋杀了自己的妻子阿库莉卡。

卡米拉，这并不容易！不过我已经有了好主意。它将像画一样呈现。

我们呢？我们同样熄灭灯火，我们同样不大声说话，不要让喧嚣将房屋摇晃，我们也应当用私密的声响对话。

不过，“我的阿库莉卡-卡米拉”，我是快乐的。我们周围充满了笑声与戏谑的快乐，炉中燃烧的红色火苗，散发着光。这给了我创作灵感！只是在歌剧里没有光，我将用病恹恹的囚徒的沉重呼吸声代替光。

你看，你是如此地与我融合！我的小可爱！让我们好好庆祝属于我们的这一年吧！时间会流逝，不过我们将在有生之年铭记在心！

睡个好觉，明天再睡个好觉，醒来就是崭新的一年了，真好。

想念着你的，
你永远的
L.

最后的夏天

1928

1928 年 7 月 29 日，依照与雅纳切克商定好的计划，卡米拉带儿子奥托抵达布尔诺。这是作曲家本人期盼已久的假期，是卡米拉丧母之后二人的第一次重逢，不想竟是最后的诀别。

雅纳切克郑重地穿上白色套装到火车站迎接心爱的人。隔天中午，雅纳切克与卡米拉母子前往胡克瓦尔迪。他随身带着歌剧《死屋手记》的第三幕稿，打算在假期再修订一遍乐谱。离家前，他阖上钢琴喃喃自语："一切都准备好了，似乎再也不会回来。"家里的女佣隐约察觉主人有些不同寻常。

胡克瓦尔迪的夏天很美，雅纳切克细心地布置着属于他与卡米拉的乡间小屋。他每天带卡米拉母子俩去乡间散步，返回时总要在 Micanik 酒店歇脚吃些点心。日子平淡，却很符合作曲家心中的安静。8 月 8 日，雅纳切克第一次感到耳朵、喉咙的阵痛。当地的医生、市政要员相继探望并催促雅纳切克尽快前往医院接受治疗，但他有些不信邪，坚持等病情恶化了再说。

关于雅纳切克临终的故事，为人所熟知的版本是：卡米拉的儿子在森林里走失，雅纳切克出发寻找，因暴风雨而染上了风寒，病情急转成肺炎。值得注意的是，不论是音乐学家罗伯特·斯美塔那(Robert Smetana)发表的重要文章，还是最后服侍在侧的女佣 Krskova 小姐的回忆都未曾提及此事。这只是雅纳切克的妻子兹登卡心中认定的一种“官方说法”。

8 月 10 日，雅纳切克被确诊为肺炎，病人自觉精神状态良好。隔天晚上病情急转直下，雅纳切克的心脏几乎要停止跳动，呼吸十分困难，他拒绝注射强心剂。在镇静剂的帮助下，雅纳切克于 8 月 12 日上午 9 点入睡，一小时后去世。卡米拉一直守在他的床边，人们把她当成雅纳切克的亲人。8 月 15 日，在布尔诺为雅纳切克举行了隆重的葬礼：他的遗体被陈列在国家歌剧院，纪念音乐会的曲目包括德沃夏克的《安魂曲》，雅纳切克《狡猾的小狐狸》中“护林人的告别”。卡米拉并未出现在音乐会上。

对于雅纳切克，这是一个虽有遗憾却很美好的终点。说来可气又好笑，追求真诚的雅纳切克周遭却充满了谎言。生前最渴望拥有的两样东西——卡米拉的爱与自己理想的“散文化”音乐创作，他最终都得到了。但出于种种世俗的缘由，在作曲家死后，兹登卡等人抹去了卡米拉的一切痕迹，她成了默默不语的影子；而最后一部歌剧作品《死屋手记》同样遭受到不应有的篡改与过于草率的评价。雅纳切克生前表示要把几部作品的所有权及总价值 100,000 克朗的版税留给卡米拉，包括《卡塔·卡芭诺瓦》《失踪者日记》《死屋手记》以及献给卡米拉的第二弦乐四重奏《私信》。该遗嘱并未得到合乎意愿的执行，版税及所有权归属兹登卡与捷克马萨里克大学。

多年后,卡米拉的丈夫将此事诉诸法庭,意为卡米拉讨个公正。作曲家的爱意最终引发并演变成闹哄哄的一团糟。

雅纳切克人生的最后一个夏天,高潮般的快乐与辉煌被谎言团绕着,仿佛未曾泛起涟漪的湖面。

雅纳切克在胡克瓦尔迪的小屋,二楼增加的房间修建于 1928 年,专门为卡米拉而建

 1854—1928

布尔诺，1928 年 1 月 3 日(No. 555)

我亲爱的卡米拉，

……

我完成了歌剧里关于阿库莉卡的悲伤故事。在过去的几天里，我每天从早上 8 点工作到中午，休息后，又从下午工作到晚上，直到感觉自己完全要被榨干，不过却很兴奋。而在那里，我却得不到一丝丝怜惜或者理解。①

显然，在你丈夫遭遇的那场火车车祸中，命运之神伸出了救援之手。如果是最糟糕的结果会怎样？这个念头立刻在我的脑海中显现，而我不想说出来，甚至不愿意这么去想！他是幸运的。这件事敲打着我的神经。

让我们快乐地重逢吧。我们不做任何计划，就让一切顺其自然。

我们很欣慰可以看到对方并且令对方快乐；我们总有无尽的话语要向对方倾述，似乎这些话语从未来过世间。或者，我们可以沉默不语，如上帝所应允的那样。现在，我总是不自觉地想象着更高的力量正注视着我们。

---

① 这里实为雅纳切克对妻子兹登卡的埋怨。

好好睡一觉,快点完全好起来。

你永远的

L.

布拉格,1928年1月10日,早上9点(No.558)

亲爱的宝贝卡米拉,

你说你希望可以向公众宣称你是属于我的

唯一的爱

为此

一个世间最幸福的家伙

感谢你。

你永远的

L.

我唯一的渴望,我未来的妻子!

1854—1928

布尔诺,1928 年 1 月 11 日,夜晚(No. 560)

我亲爱的卡米拉!

仿佛是从童话故事里剪下来的两天,两人的相会;他们来自不同的地方,他们为彼此搭建天堂。随后,他们将顺从地将一切放进小小的木匣里,把它珍藏。在那里,一切都井然有序:整齐、不会被时间蚕食、天鹅绒般柔软的抚摸。不过,看啊!一枚小小的戒指漂亮地躺在那儿!它是全新的成员!是哪个家伙把它藏在那儿?噢,我认得他!不过,是哪个姑娘将要戴上它?我也认得她!

想象一下吧。我最早会于周六(1 月 14 日)前往胡克瓦尔迪,他们已经成立相关委员会负责电子灯光的安装。写一封信到摩拉维亚的胡克瓦尔迪来吧!

还有个新闻,德国剧院将在 1 月 21 日于布拉格上演《卡塔·卡芭诺瓦》。

演出当天早晨,我将搭乘特快列车前往,途经奥洛穆茨契克的特热博瓦①。我想邀请你和你的丈夫参加音乐会。一定来,我们可以一起去剧院,到时候我会安排一个包厢。我将在布拉格停留一到两天,之后返回胡克瓦尔迪。现在得来聊聊

① 捷克地名:Olomouc-Ceska Trebova。

你的健康问题！让那些钢铁般的胸衣远离你的身体！也别再使用那些吊袜腰带！总之，解放你的身体，它不能承受这些束缚！否则，你会病得更厉害！你今天在集市做什么呢？我真担心你又要着凉了！现在的情况是不是比你送我到车站那天早上更糟糕呢？务必写信告诉我。

在布拉格时，我去看了医生——维摩拉博士（Dr. Výmola）。如果可以把开给我的药给你就好了！我们得的是同一种病。我现在喝一种含有苦奎宁，还有一些类似糖浆的药。让我们都好起来，在布拉格相互慰藉吧！

剧院方面一直在催促我过去。

我没能见到马克斯·布洛德博士，他正好外出不在家。我亲爱的，亲爱的人儿！别担心，世界终将明白你对于我的意义！人们也终将知晓我们因此而快乐。

你知道，当你希望公开关系意味着你已将自己交托到我手中，我们之间将紧紧捆绑在一起，那是怎样强大的、无以挣脱的力量！我全身心地感谢你。

还有你，这枚小小的金戒指，我将不停地亲吻你。

那个“酒精-樟脑”疗法如何？

别想着它能立竿见影。好好照顾自己，别傻傻地以为病情不会恶化。这可不是在开玩笑！

卡米拉，别忘了我们彼此属于对方，再无他人。

蜷缩在属于我们的天堂，那里再无其他圣徒，只有你。

瞧,这句话读来是如此地押韵。①

你的母亲怎样了? 是不是已经康复了?

想着你。

你永远的

L.

科耶廷,1928 **年** 1 **月** 14 **日**(No. 562)

我亲爱的卡米拉,

我出发了,正在火车上给你写信。终于收到你亲切的来信。我的朋友鲁道夫②,与我一起创作《狡猾的小狐狸》的那个作家,开枪自杀了。事实上,对死,他已经预谋有一段时间了。当他年轻的妻子听闻此消息后,也选择了同样的道路,了结了自己的生命! 太可怕了! 在家中,我们曾说我们将永远不拌嘴吵架。我一直想着我们那枚小戒指。我们属于彼此! 是不是? 这是一种奇特的感觉。燃烧的欲望指引我们,我们

---

① 捷克原文:Omezujeme se na své nebe. Tam nemám jiných svatých než Tebe.

② 鲁道夫(Rudolf Těsnohlídek,1882－1928),捷克作家。他所写的小说《小狐狸》是雅纳切克歌剧《狡猾的小狐狸》的蓝本。1928 年 1 月 12 日,鲁道夫在《人民报》编辑的办公室开枪自杀。

已然是一体的，直到永远。在你那里，我是如此快乐；我不需要食物，你与我感同身受更令我开心。你就是我的盛宴。我是你的丈夫。我等着你来布拉格。他们会给你送去音乐会的包厢票。我可能待在布拉格的查理四世酒店，星期五到达，你也可以待在那里。

永远属于你的

我会随身带着照片！

胡克瓦尔迪，1928年1月23日(No. 567)

心爱的卡米拉，

越了解你，我就越尊敬你。如果可以的话，让我真挚地说，我爱你。

在酒店，你并未想过要与我并肩走入咖啡厅，

在剧院，你把自己藏起来，

在布赖恩剧院①，我很惊讶你竟然能忍住不笑，

那晚，回家的路上，他们差点要说你喝得烂醉，而实际上你只是浅尝了一口我杯中的酒；当你送我到车站，天色尚早，你快乐地朝我挥手告别，手上拿着一小块蛋糕……

---

① 捷克知名喜剧演员布赖恩(Vlasta Burian)的剧院。

1854—1928

你就这么离开。我走了，泪流满面。我用笔记下这一切，这些眼泪究竟从何而来，它们是快乐的眼泪！你是我可爱的灵魂，正如你信里所写，你将永远给予我忠诚。

说说故人鲁道夫，他的儿子在报纸上向所有参加父亲葬礼的人致谢！有时候，真实隐藏在生活中并不被肉眼所见。可怜的人！

我已安抵家中，傍晚五点的时候到了胡克瓦尔迪，一大堆信件等着处理。

我很庆幸有这么一段属于自己的时间，现在真的需要休息，不过有些事又从我的脑子里飞出来。你可能已经睡着了。是不是盖严实了？

现在你知道了，要不是你先前在皮塞克总是东奔西跑：到底是冷着了，还是热着了？你在布拉格时，咳嗽就少些。

保重。我期待你的来信。四月份，他们将在布拉格上演我的“欢乐弥撒”①。

我会在适当的时候诱惑你走出皮塞克，当然我深知，再没有比我们的皮塞克天堂更好的地方了！

你永远的

L.

---

① 这里指的是雅纳切克的《格里高利弥撒》。

雅纳切克与卡米拉的儿子鲁道夫(左)及奥托(右)摄于1927年

胡克瓦尔迪,1928年1月29日,夜晚(No. 573)

亲爱的卡米拉,

我不明白为什么在布拉格之行后,你会写来这样的信。我反反复复读了好几遍,若不是你的署名,我几乎辨认不出,你知道你的署名对我有重要意义,我真的不懂。或许是我还不够了解你,我在自己的世界里总是孤独的,孤独的人需要有一颗温暖的心。今天是星期日,我格外忧伤。我开始着手创作一部四重奏作品，我将称之为《情书》。

如今，我甚至在音乐里也写起情书了。

……

今天我去了我的“小山”，这里的人用“山”指称山上的树林。今天才1月29日，可我发现已经有一朵小雏菊在草地间盛放。我将它轻轻地附在信中送给你，一小段春天的预言。你说自己也去树林？可是你咳嗽还没好全，不是吗？

这话可真蠢：说什么你的耳朵疼痛是因为情绪激怒所引起的。把罪责通通归于神经紧张才是。

我为你担心得要命，而你却自顾自地去了森林！

今天我收到了来自布拉格的邀请，他们将于3月2日的一场音乐会中上演我的《随想曲》①（那首副标题为“挑战”的作品）。

因此，我将离开布尔诺，在布拉格待两个星期。你说正是因为自己与那些布拉格淑媛不同，所以才有吸引力，你说这是你的优势。是的，这的确是一个巨大的优势，但也不尽然。

“当人们说实话的时候总会激怒对方。”我对你实话实说，请别生气。我不知道如何对你发火，所以同样地，请你也别对我发火。

那天演出后你比我提早离开会场，这令我很难过。所有

---

① 钢琴、长笛与铜管合奏的《随想曲》（1926），雅纳切克为因战祸右手成残后的左手钢琴家霍尔曼（O. Hollmann）而作。雅纳切克为这首现代感十足的作品标以“挑战”（Vzdor）的副标题，让钢琴与五种管乐器各具特色的音响在乐章中相互争鸣。

的人都在揣测我们的关系，而你就这么一走了之，不顾我的请求。你以前也这么做过。我很害怕还会发生第三回。我很想祈求你给我一个承诺：永远不要抛弃我独自离开。

我想，除非等到你的来信，否则我的坏情绪会一直持续下去。没什么能令我感到快乐，所有的事都一样。我在水里苦苦挣扎，等待着救命稻草——你的签名。看着它，我相信无论如何自己都能撑下去。

保重。我会在路上继续给你写信。

你永远的

L.

请别再生气了。

布尔诺，1928 年 2 月 1 日，夜晚(No. 576)

我亲爱的卡米拉，

走到信箱，看见你可爱的信躺在那儿，我喜悦地大声叹了口气！还未读信，就匆匆提笔给你写这封信。你知道，如果没有你，我的生活将是干枯的牧场。每走一步，我都会很肯定地说，花儿在这里盛开，花儿在那里盛开……不管哪一枝花被折断都令人忧伤。现在来读你的信！我相信这是令我愉悦的一封信，只因为是你写的信！

读完了，一口气读了两封，真叫人高兴，我的卡米拉又回来了！我在信中重又认出了我的卡米拉！卡米拉，请一定写信。只要你简单地写上“我很好”，就令我快活，让我想着你。不写信的话，一切就会变得糟糕。

……

一定告诉我真实的情况，你有没有咳嗽，后背疼不疼，是不是有阵痛或者刺痛。等春天一来，你应该去温泉疗养区待上一阵。我很高兴你已经原谅了我。我深知我的信令你痛苦。而如今，一切都不一样了。从现在起我开始写些高兴的事儿。我们的全部生活都将装进这音乐里，它们将被称作“情书”。

我想这个名字听起来很可爱。我们之间经历了那么多珍贵的曲折冒险，不是么？它们是我灵魂中的一丝火焰，伴随着最美妙的旋律，它们的火花将发出耀眼的光。

想想看，我已经在胡克瓦尔迪完成了第一乐章。那是我初次见到你时的全部印象。

我现在正在进行第二乐章的创作。我想这一定会让卢哈乔维采燃烧起火焰。会有一件非常特别的乐器将贯穿作品始终，这件乐器叫“充满爱的维奥拉”——抒情维奥拉①。噢，我

---

① 抒情维奥拉（viola d'amore），流行于18世纪，无品，有7根旋律弦，其下方附有7或14根与旋律弦同音的共鸣弦，持琴如小提琴。巴赫、海顿、普契尼的作品中均有应用。雅纳切克在写作这首第二弦乐四重奏时特意采用了这件乐器，在作品初次排练时也使用了它，但后来发现并不实用，只好同意换作通常的中提琴。

是多么期待啊！在有你的地方总是充满念想与思慕，那是我们的天堂！我很乐意这么做！你知道，我眼中的世界只有你，你对于我意味着一切！除了你的爱我对其他皆无所奢望。

当你来信说想要忘掉我们之间的一切美好往事，我是多么地悲伤。

我对自己说，我的卡米拉怎么可以忘掉这一切？这可能吗？我想我们不可能忘记。我们已经身处不可回头的天堂之地，我们只能更加亲近对方！请从中汲取力量吧，你将找到平静。所以，我亲爱的卡米拉！不要再责备你自己的神经，支气管炎会令人心情糟糕透顶。一切都会过去的。

另外，不要为你自己的个性感到害羞。对我而言，她是如此可爱，非常可爱。你是一个快乐的人，只是有时候会流泪。你周围的人恐怕都强硬厉害，而卡米拉却缺乏勇气。所以最好避免落入那些“硬石头”中间。

我亲爱的卡米拉，一定给我写信，即便是两三个词都能使我满足。

当你写下“我永远只属于你”时，你向我开启了天堂之门。所以我们就此决定，站在这里永远不要想着回头。亲爱的命运将对我们仁慈，引领我们前行！

你永远的

L.

 1854—1928

布尔诺，1928 年 2 月 6 日(No. 580)

我亲爱的卡米拉，

……

今天，那位左手钢琴大师来布尔诺看我。相信他能出色地演绎我的《随想曲》。我将提前抵达布拉格参加排练，音乐会最早会在 3 月 2 日举行。我多么急切地想见到你！

我的文章发表在 *Venkov*(周末版，2 月 5 日)。你可以去书店订阅；他们尚未寄给我，不过据说评价不错，人们都挺喜欢！

别在外面待太长时间，现在的天气很阴冷。吃了药后，我感觉好多了，不过为安全起见，周二(2 月 9 日)我会做一次 X 光透视。这样可以立刻检验出有无病症。十分感激你愿意前往卢哈乔维采，与我共度假期。我们可以泡温泉。对我来说，若是不能去那里，或者只能在那想你，都是莫大的折磨，我会生病的。

嗯，说说房子。如果要建房子，也是只为了你而建，一切只为了令你感到舒适。

我为此画了幅建筑草图。

客厅是完全为你准备的,空间将有所扩充。我在等最终估算。一切工作都必须在 7 月 1 日之前完成!

做个甜美的梦!噢,要是你是我的妻子该多好!

你永远的

L.

布尔诺,1928 年 2 月 8 日(No. 581)

让我们来奏响这愉悦的音符。我现在正在创作《情书》的第三乐章。它很美,你的肖像画逐渐在其中浮现,透明的,仿佛被薄雾笼罩。可能会令人错认为一种对母爱的怀念之情。天色已晚,睡个好觉。

你永远的

L.

 1854—1928

雅纳切克在寄给卡米拉的《卡塔·卡芭诺娃》

乐谱上的笔记，皮塞克，1928 年 2 月 12 日

卡米拉女士！

夏日的阳光，温暖的山坡。花儿们几乎要“晕倒”，弯着腰亲吻土地。

那一刻，不快乐的卡塔·卡芭诺娃和她伟大的爱情第一次闯入我的思绪。

她朝着花儿们呼喊，对着鸟儿们倾诉。于是，花儿朝她垂下腰肢，鸟儿唱着最后的爱情。

“我的朋友，”我曾对克诺普教授说过，“我认识一位非凡的女士，她犹如神迹，总是在我的脑海里盘旋。我的卡塔从她的身体里孕育而出，卡塔的主宰是卡米拉女士！它将是我最满怀柔情的作品！”

的确如此。再不会有更伟大的爱情，我将这部作品献予她。花儿向她致意，鸟儿对永恒之爱的称颂将永不停止！

莱奥什·雅纳切克博士

布尔诺，1928年2月16日（No. 586）

我亲爱的卡米拉，

你的来信令我很开心。想着你开始“如玫瑰花一般盛放”，真好。说起来，那些长舌“小妇人们”心知肚明：每当生活中有新的萌芽，新的开始，女人总是如盛开的花儿般美丽。随人们怎么想，事情一定会如此，他们愚蠢地调笑着。多么奇怪的观念啊！他们总是有些先入为主的主观判断，然后在一起开个小会。

不过，你现在看起来的确是有两个人的分量；但别担心，你还是很漂亮的，这是最重要的。

你说你不想和任何人说话？为什么？当然了，你现在是博士夫人，博士夫人是不需要和每个人搭话的。尤其，你是这位博士的妻子，艺术家的妻子！①

……

那美丽的、短暂的几个小时！你知道你是如此丰富，永远不会令人厌倦。我脑中依然是甜美的回忆。关于你的一切都是柔软的、圆润的；甚至是你口中吐出的字，我都觉得似乎是圆的，它们永远都不会造成伤害！

---

① 雅纳切克时常将卡米拉称作自己的妻子。

我很快乐,唯希望给你更多的快乐。

与你在一起,靠近你,我总是快乐。当你我相隔遥远时,这种快乐依然绵延在我身边。独独你一人是我的全部快乐。我无需他人,在创作中,你给予我力量,令我得到提升!

今天我收到一封从维也纳寄来的信,一位陌生的女士,七十六岁。她在信中描述了我的《小交响曲》对她的影响。这封信值得一读。

你有没有收到那朵小花,可以将它别在浅紫色的大衣上?如果我看到有更好的再给你寄去。务必告诉我它是否与你相称。

我很高兴听你说现在不怎么咳嗽了,听你说你看上去很好,听你说你爱我。

你的,永远属于你的

L.

布尔诺,1928 年 2 月 19 日(No. 589)

我亲爱的卡米拉,

脑中忽然闪过你说自己是石膏做成的!我不由自主地笑起来。你,这座石膏!你是熊熊燃烧的火焰,看起来你更像是橡皮制成的,你可以将脚绕到脖子后面,你的坐姿很像土耳其女人。你似乎是纯净的奶油,触碰的时候会留下一道浅浅的沟痕。你,你真是个迷惑人的女巫。

这么说,你忙碌了一整天。你一定是准备了婚礼一般规格的盛宴。

今天,我又回想起我侄女的那场意外。她(兹登卡)也谈论起来,一切显得平和安静。她知道我已经完成了我们的“情书”;她心知肚明,一切已不可挽回。最后一个乐章,那个漂亮的“含糊其辞”听起来没有丝毫恐惧或害怕,而是绝对的渴望,似乎这份热望已经被填满。我很好奇最终会呈现出怎样的效果。

星期三上午(2 月 22 日)我将前往布拉格,当天晚上有《挑战》①的排练安排。星期四将开始歌剧《马克罗普洛斯事件》的排演。不知道他们将怎样地扭曲挣扎,我有点等着看笑话的意思。

据说《表演艺术杂志》②大篇幅地报道了在布拉格德国剧院上演的《卡塔·卡芭诺娃》,其中当然讨论到了我,并附有剧照。

我跟兹登卡直言不讳地说你必须到布拉格,因为你与“卡塔·卡芭诺娃”有非常密切的关系。她接受了!

星期六(2 月 25 日),我将飞往皮塞克,咱可以说上几句话。

---

① 即《随想曲》。

② 《表演艺术杂志》(*Die Bühne*),维也纳的“戏剧、文学、电影、时尚、艺术、社会和体育”综合类杂志。1928 年 2 月 15 日刊登了热情洋溢的关于《卡塔·卡芭诺娃》的评论,由 W. M. Essers 执笔。

恐怕到时候那些紫罗兰都开花了吧，而我也已经完成了《情书》。

我的脑袋空空，自己不过是一个在街上游走的普通人，只有对你有意义。你那个小脑袋里总是咕嘟咕嘟冒着泡，有时候水沸腾得要溢出来！

我觉得自己的大脑很奇怪，这会儿是一片空白，随后又一下子洪水般思绪泛滥。只是，所有的泛滥都与你有关。我很快乐。

现在的天气真疯狂，得随时准备着过冬天和春天。想必皮塞克的春天已经来了吧，紫罗兰将迎接我。踏实地睡吧，我可爱的人儿。现在是十点，估计你已经蜷缩成一团。在那些白色的床单中，你看起来就像一个小恶魔。不要喝红酒了，对脆弱的神经不好！

保重！

你永远的
L.

布拉格，1928 年 2 月 28 日(No. 595)

我亲爱的卡米拉，

最重要的事——总排练——结束了。我想最终呈现的效果会很好。纳达①饰演那位300岁的不老女人，她的肢体语言与你很相似。记得有一次你跟我说起童年的冒险，那“四个指头”吗？这位女主唱看起来就像是在用你说的步态走着，她整个出场的样子都很像你。如今，你是我珍视的女人，我亲爱的妻子，你不再是戏中人。你将是唯一的“她”——我亲爱的妻子。不过，对你而言，如此不寻常的生活是一种浪费。不过话说回来，也并无害处。你终将停留在世界的哪个角落呢！命运以它自己的方式将我们捆绑在一起。

此刻，唯一让我烦恼的是没有来自布尔诺邮局的信，一封都没有！昨天我发了快件至布尔诺邮局，现在已经是下午四点了，竟然没有飞回来只言片语！当然，相信这种情况不会持续一整个星期，你的信最快应该会在星期三送到布尔诺。

你本可以在此与我待上一天！不管怎样，我的小灵魂，你一定更像雅纳科娃而非斯托斯洛娃。如今，你只能是雅纳切科娃！

不，我有一种预感，它在我的耳边低语，对我说下决心的时刻即将来临。

……

你永远的

莱奥什

① 纳达（Nada Kejrova，1899－1983），在歌剧《马克罗普洛斯事件》中演唱女主角埃莉纳·马克罗普洛斯（Elina Makropulos）。

1854—1928

明信片，布拉格，1928 **年** 3 **月** 2 **日**(No. 599)

《马克罗普洛斯事件》获得了极大的成功！人们甚至从卢哈乔维采赶到这里。

问候你的

L. J. 博士

布尔诺，1928 **年** 3 **月** 3 **日**(No. 600)

我亲爱的卡米拉，

似乎与你分别以后，时间变得漫长。不过才几日便觉得已过了好几个月。

一个星期前我们刚刚离开皮塞克；那时候我每天都给你写信，之后是一张明信片。今晚我坐下来，有好多话要对你说，估计你看了又要头疼。

听我慢慢说来。星期一(2 月 27 日)到布拉格后，用水冲了一把便直接去剧院的排练现场，我需要在场。

星期二，第二次及最后一次联排。

星期三，和那些官员们一起，我在那里的境遇有所好转。

他们在剧院外给我拍照，在 Langhan 家拍了十张。貌似赫瓦托娃夫人也会过来看我！貌似她将在布拉格的剧院庆祝自己从艺二十五周年，貌似她的肖像将悬挂在剧院外！事实上，作为歌手，她的确值得剧院铭记这一“周年纪念”，不过很可惜，剧院没记住。关于这场周年庆，完全是她自己一厢情愿的幻想！

……

来说说这场首演。我定了两个包厢。……卢哈乔维采那家素食餐厅的两口子也来了，他们向我问好！这真令人高兴，他们竟然没有忘记！他们问起了你。我撒了个小谎，称你身体不太好。等我们到卢哈乔维采给他们个惊喜！还有卢哈乔维采那个小店女老板，送了我个小礼物——一只漂亮的墨水瓶！发挥一下你的想象力！不过，很快，我的思绪就从剧院飘到你身边！

演出结束后，我们大概三十人一起去了 Šroubek① 餐厅。我无时无刻不想着你，甚至希望在餐厅能看到你！3 月 2 日，星期五当天又是一场排练，晚上是音乐会。一切进展顺利。到现在，我依然感觉有些恍惚，一心想着回家。于是，一早起来前往车站，如今我正坐着安静地给你写信。接下来是最有趣的一件事，仔细听我说。

星期五上午，他们称有电话找我。竟然是你的丈夫！他说，有一个礼物要给我。于是我们约定下午三点在咖啡厅碰

① 布拉格著名的餐厅，位于布拉格的瓦茨拉夫广场(Wenceslas Square)，后变更为欧罗巴咖啡厅(Café Europa)。

面。他并不知晓兹登卡也在布拉格。他带来了《表演艺术杂志》,并送了我一个很漂亮的领带夹。我立刻将它别在领带上。它漂亮极了,我该感谢谁?你么?一定是你。谢谢你和他的费心挑选。每个人都很喜欢。Löwenbachová 夫人的眼睛都舍不得从那枚领带夹上挪开。

我们去了布洛德[1]家做客。布洛德太太聊起了与丈夫的关系,他们正处于闹分居的阶段。她说:“这些搞艺术的,真是令人苦不堪言,没有一个是好东西!”

回家的路上,我和兹登卡坦率地交流了看法。

我可以用“Ty”称呼你吗?你的丈夫知道我们的事吗?我对她(兹登卡)说出了真相。我告诉她,我与你互相交换生命。虽然我们如此亲近,但却彼此尊重!这与布洛德的婚变完全是两码事!我对于你的承诺将永存,它不可能被摧毁。我平静地说出这一切,兹登卡默默接受。

……

好了,快准备起来吧。六月底我将去卢哈乔维采,我们会在那里重逢。据医生的建议,我们俩都需要这次温泉疗养。我们都需要充满快乐、善意的空气,它对身心有好处。务必提前安排好一切。我明天就去预订一个房间。……

很高兴,我的生活里不再有秘密。你将成为“花一般绽放”的女人!……

当我可以开诚布公的时候,我是如此快乐。我对兹登卡

① 即马克斯·布洛德。

说:“卡米拉为我而苦,然而我知道你兹登卡,同样受着煎熬。”不过我不能没有你,卡米拉。我告诉兹登卡:到死都不能没有卡米拉。我们已经紧紧相连,不能分开。是不是这样,卡米拉?我如今期待着卢哈乔维采之行,我们在一起时总是充满欢乐,欢乐极了!期待着星期一读到你的来信。保重,我的人儿!现在,我需要休息一下。为了你,我宁愿趁现在好好“修复”一下。

你永远的

L.

布尔诺,1928 **年** 3 **月** 5 **日**(No. 602)

你,我亲爱的爱人,卡米拉,

……

兹登卡的这趟布拉格之行,对大家都是件好事。布洛德太太和她聊起自己的生活。她告诉兹登卡,生活中可以忍受任何事情,但与艺术家闹情感纠葛,就一点退路和余地都没有了。布洛德夫妻打算离婚。我知道其中更多的内幕,与那个女演员并没有关系。如今他们俩分开住在不同的房间。布洛德太太与兹登卡之间能互相理解,这令我高兴。布洛德太太是一个聪明人,受过良好的教育。兹登卡多与她聊聊总好过那些如今常在其身边围绕的老婆娘们。

 1854—1928

在单独的房间里，兹登卡与布洛德太太彼此相处融洽，当时布洛德和我并不知情。

你我之间的关系完全与此不同。它当然是更高层次的交往。在你的美中，我称颂你。我对于你的渴望，是如此单纯自然，是彼此属于对方的精神所生发而出的情感。一晃这么多年过去，依旧是如此地温热。……

你说你整整一个星期没读咱们的纪念册了！不，这不可以。本子里的每一个字都如此真实，出自我们彼此的真实渴望。唯有在那里，我们可以重新活过！这本小册子永远不会有完结的一天，我不会烧它、撕它，不会折磨自己的心，不会破坏你的爱，只为那些美丽的时刻。不要妄想有一天我会把这纪念册如信件般烧毁！请翻阅我们的小纪念册吧！我可以通过想象与你生活在一起，我们已经生活在了一起，真实地生活在一起，不是吗？而我无限地爱你。我想着下一个“十四夜”，我还会给你全新的惊喜。……

你永远的

L.

卡米拉致雅纳切克，皮塞克，1928 年 3 月 5 日

亲爱的大师，

我收到了你的长信，很高兴一切事情都如你所愿地顺利，算是令人欣慰的结局。昨天，这儿有一场来自契斯凯布达札维的福斯特尔合唱团音乐会。音乐会很好，他们很高兴我能到场，我坐在市长身边。诺瓦克教授跟我说他想要你的亲笔签名。这里的每个人都在问我有没有去布拉格，问你的近况。我被所有的人包围着，高兴极了。每个人都跟我打招呼，还有那些简短的交谈。嗯，如今都结束了，近来我经常出席这样的场合。我的丈夫已经出发了，他总是把东西都落在家中，包括火车票、放在大衣口袋里的护照，这太令人生气了，他没有一次是按时起床的。他搭乘特快列车从维也纳出发，预计星期四(3 月 8 日)10 点抵达布尔诺，他需要关于政府的行政文件，你上次提到过相识的人可以帮忙解决，你真好。我希望你的妻子也能正确地看待一切。你说那个领带夹很漂亮，但愿那张纸你也喜欢。至于卢哈乔维采之行，我今天不能立即作出确定的承诺，不知道孩子们什么时候才能好起来。你信中提到你的妻子因为我而备受折磨，这令我感到痛心。或许你可以也分那么一点点爱给她呢。请别这么冷漠，你很清楚我并不再有更多的期望。我对任何事没有任何要求。你也很清楚，煎熬对于一个人意味着什么。你为什么不阻止煎熬的发生呢？你是如此善良。当你说出我们互相依靠时，她会怎么想，你知道这句话意味着什么吗？你这种方式令我感到不快。你个性坦率，因此即便受伤对于你来说也不是什么大事，可别人不一定这样。

保重，

卡米拉

 1854—1928

布尔诺,1928 **年** 3 **月** 6 **日**(No.603)

我亲爱的卡米拉,

我正在回复你的第一封信。你既轻率又冲动,但是你很好,你比我更善良。我用整个灵魂爱着你,你应该得到宠爱,你值得这样的爱,你需要这样的爱。

我不在乎荣耀地位,但是我在乎你的爱。你有没有告诉过你的丈夫,说你爱我?兹登卡了解我爱你,我将爱你直到生命的最后一刻。如果星期四(3 月 8 日)他们俩会碰面,就让他们互相聊聊。对我来说,简单的真相比保守秘密要珍贵得多。

卡米拉,让我们相互坦诚,开诚布公,别无他法。我大概星期四上午十点与你及你丈夫碰面。我当然会全力以赴地帮助你的丈夫,这不必说。关于你的后一封来信:我很高兴,如今你真是个受欢迎的人,到哪儿都是。只要去那些你知道我会去的地方转转便知。

我明白两人互相依靠意味着什么。我今生不可能再对谁有这样深的眷恋。我像水,只为了滋润;像火,只为了燃烧。但我并不知道如何既像水同时又像火。如果我爱你,我便不能爱其他任何人。我可以对人保持善意,却不能脚踩两只船,报以同样的爱,我做不到。你与我紧紧相连,我们对彼此有同样的渴望。虽然有时这一切只存在于想象中,但正如某些使徒所说,这样已然足够了。我要说:你我之间,我将不让你受到伤害,而你将不让我受到伤害。这是我对于“密不可分”的解释。

我们不会对外声张,但在一些特殊的场合,某些特殊的活动圈子中我们不可能保守秘密。这些都是与我们亲近的朋友。否则,我们根本无法继续生活下去。我们无法保护自己。这一事实必须得以公开:“他们属于彼此!”至于到什么程度,让每个人去想象。如此可以互相保护,不会有人敢随便拿我们做文章。当我们的房门紧闭时,他们必须事先礼貌地敲门,并得到你我的允许。带着“你是我的”这句话,我满怀信心。我的一生从未像现在这样,找到真正的平静。

不论你的丈夫和兹登卡如何解决这一关系,对我来说完全没有差别。

而你,我的美食,我可爱的小黑姑娘,你总是没完没了地在信中写着同样的话:“我头疼,我感冒了!”叫我如何是好? 4月8日你可以到布拉格听我的《格里高利弥撒》,或者你可以提前几天到,与我在布拉格一起咨询一下医生。如此,在卢哈乔维采,你可以得到更妥帖的治疗方案。我会事先告诉医生你的情况。看来光是晒太阳解决不了任何问题。……

1854—1928

布尔诺，1928 **年** 3 **月** 8 **日**(No. 605)

我亲爱的卡米拉，

我不知道是否依照你想要的方式把你丈夫的事情都处理妥当了。

3 月 5 日起，他们开始粉刷我们的房子，家具搬得到处都是，就连我的琴房都成了货仓。我提过要给你的丈夫准备早餐。吃早餐期间，我跟他提起你对于我的意义，完全平静的口吻。对话没有什么激动人心的场面。家中不能备午餐，因此我打算带你的丈夫到 Zemský dům 餐厅用餐。

不过，你的丈夫拒绝了。于是我们去了咖啡厅，我写了封推荐信给他。我不知道他是不是一切顺利，他给我回了条讯息，让我不要再等他。我并不清楚他是不是真的需要定居在利沃夫(Lwów)。如果是这样，你要跟着他吗，还有孩子呢？为什么他并没有跟我提起亟需获得捷克居住权？我当然可以帮到他！

亲爱的卡米拉，今天，此刻，对你的渴望再次穿透我的身体。

那些准备付印的童谣——第一批乐谱已经寄到。它们很美，到时候民歌集还会附上插画①。随后，我完成了我们《私信》乐谱的誊写。我对兹登卡说："如果人们喜欢这首曲子，并认为它异乎寻常地美，那么你应该就能相信她对于我灵魂、作品的强大影响力！"

我不知道在这些"私信"中会遇到什么，——

是不是会有地动山摇，

是不是你正滑落在那把椅子上，

是不是你有了我们的……

所有一幕幕就这么在我眼前堆叠。

你与我漂浮在半空中，被快乐环绕着，在极度兴奋的情绪中，这些私信诞生了。

当我写下音符的时候，笔仿佛在燃烧，我如此快乐！它写得如此快，如此气喘吁吁，如此不愿停下脚步！

我们的纪念册又可以有新东西了，它永远不会被销毁。我祈求命运，或者如果你愿意，祈求上帝：愿你我这些共有的时光不会褪色凋零。这其中每一个字都是我的眼泪。我是如此地爱你，我因为爱你而如此快乐。

好好照顾自己！

你永远的

L.

---

① 最后出版的版本包括许多素描，多数为捷克艺术家约瑟夫·拉达（Josef Lada）的作品。

1926年5月，从英国回来途中，摄影师扬为雅纳切克拍了这张照片（左图）。另一张照片摄于荷兰，背景是Flushing港（下图）

“我像土耳其巴夏老爷一样坐在马车里；在伦敦，他们用各种食物将我塞得满满当当，以至于我之后总是觉得病恹恹的。而在海边，我的卡米拉，我多么想和你坐在一起。火热的太阳渐渐温暖了石头：你又可以如往常般躺在那上边休息了。”（1928年3月12日信，编号608）

布尔诺，1928年3月13日，夜晚（No. 609）

我亲爱的卡米拉，

你为什么周一没有写信来？我原本以为周六的信是“多一封”的恩赐，不过忽然想到天气不好，你甚至都没有出门。

顷刻间，我又难过起来！我四处转悠，似乎在找永远找不到的东西。可能明天能收到你的信。说“快乐起来”很容易！人们总是轻易地陷入悲伤，走出悲伤却很难。有时候，仅一个小小的，令人高兴的词足矣，不过我现在什么也听不到，是不是，能听到吗？于是，我宁愿逃走躲起来，向你抱怨为什么没有写信，你应该写些什么！别忘了写信！如果没有什么特别的事，不需要写得很长，至少让我了解你的生活，哪怕仅仅是一些歪七扭八，难以辨认的字迹也是好的。

当我创作《私信》时，你似乎就在身边。我依靠那些温柔的回忆而活，它们快速地在脑中闪回，或者，回忆更像是温室中的一朵花。我精力充沛，热血沸腾。如今，它完成了。我已渐渐平静下来，渐渐冰凉。这一点都不像我：我无法忍受懒洋洋的平静！只是如今，我不知道自己还能做什么。我想带上你，可是如此遥远。你总是在我的脑子里扑腾，就像一窝小鸭子唧唧喳喳地下水，鱼塘溅起无数水花。而现在，什么都没有，我变得忧伤，甚至发怒。现在你知道了，星期一不写信会

带给我怎样的坏情绪！我只能一个人孤单地坐着！……要是保留你的上一封来信就好了！我给自己定了个新规矩：下封信到来前，要保留好手中的信，不能立刻毁掉。如今，我多么像是坐在没有船舵的小船上啊。如果能睡得着，去睡觉也是一种解脱。

此刻，我想和你在一起，望着你。在凝望中迷失自己，遗忘自己。这才是渴盼已久的休息。你为什么不写信！我太寂寞了，而你知道你就是我的太阳。为了我，不应该有日落。

保重，

你永远的

L.

卡米拉致雅纳切克，皮塞克，1928 年 3 月 14 日

亲爱的大师，

……今天在镇上，有两位女士走上前来，对我说这紫罗兰[1]真漂亮，她们说每次看见我总能看见美丽的花儿。我对她们说：我有一个好花匠，不论他种下什么种子，总会开出美丽的花。她们笑着说她们也希望拥有这样的好花匠。不过，我什么都不会告诉她们，就让她们翻着眼珠子继续猜吧。真不

① 雅纳切克送给卡米拉的一束人造紫罗兰。

知道,在这种糟糕的天气里除了读你的信,还能做什么。我让你不要四处乱跑你怎么不听话? 我寸步不移,我如此顺从。你的来信我读了好多遍,它们写得很美。即便我不愿意,也总会不自觉地想你。我很高兴自己又有了独处的时间。每天7点,我早早地上床,似乎我正与你分享这宁静的时光。读着信,回忆起每一件往事,我感到快乐。每每你写到生活之前与现在的变化,便会勾起我的记忆。过去,对于任何事的感知是如此麻木,我从未在生活中品尝过渴望的滋味,只是平淡地、毫无爱与快乐地一天天过着。但我并未觉得有什么不妥,我原以为生活理应如此。如今,恐怕是上帝正在考验你我,看我们是不是表现得好,配得上这样的幸福。如果跟任何人说,他们一定不会相信我一生都在准备着,等待你走进我的生活。没有人能像你一样给我爱情。我不再逃避,不再找寻,如此多年来,你是唯一懂我的人,这是事实。人们可能会笑着问,"这怎么可能?"是的,的确可能。若是你更年轻些,那我必会更难以自拔。我可以确信无疑地对你说:我的生活很好,我不再有其他奢望,唯有对于你的愧疚。我感激你。……

 1854—1928

布尔诺，1928 年 3 月 15 日(No. 611)

我亲爱的，最最亲爱的卡米卡，

再没有比今天这封信更加可爱的东西了，它与以前的信完全不同。我可以留着这一封吗？就好好保存这一封信，至少是一段时间。它是你的告白，它很真实。我们在一起好比灯光落在同一张照片，一切都被照耀，清清楚楚、明明白白。人们只会说：就让他们相互“执子之手，与子偕老”吧！我想每个人都会这么祝福我们。今天太令人高兴了。信里每一句动人的话，我都用红色铅笔划出来。今天整页信纸都是红的！这么说来，这个花匠算是称职的！不用管花匠如何，这本身就是多么讨人喜欢的花园啊！它总是能自己孕育出各色的“美”，即便是园丁也不能种出来的美。这是属于他的花儿，他将用一生的爱与奉献悉心呵护照看。因此，花将永远鲜美，永远为快乐而存。永远在初春伸出嫩芽，以花做衣，结出最甜美的果实！那便是你，卡米拉，你就是充满魔力的美丽花园！命运将一座花园交予我手中，让我成为园丁，我心存感激。而你很符合这样的比喻。那些女士估计又要笑了！昨天我去邮局的时候，不想走坚硬的马路，想找找踩雪或冰霜的感觉，结果滑倒了，我自己快速地从地上爬起来。我的右手撑在地上，整个人往右边倒。走运的是，我穿着厚厚的皮大衣。今天身体似乎感觉有些不妥，不过没什么大碍。随后，我今天去了Ninger教授家检查我的左耳，总觉得耳朵内有类似海水嘶嘶的声音。结果也没有什么特别糟的状况，一切都会好起来。除此以外，今天来了十二位访客！如果你在，那将是一段美好的时光！那些医生、教授们总是找借口要与卡米拉女士聊天。不管怎样，并非坏事。我知道你是我的“代理”，因为你，连我的签名都变得值钱起来。

你犹如明媚的风景走进我的生活，任何一个角落都留有你的气息，你与我身边的一切如此相融和谐：那令人舒心的劝慰，那温柔的轻抚，那顺从的姿态。你的信像是春日里温暖的一缕阳光。立刻令人现出笑颜，连同映入眼帘的每一样事物都变得热情。若没有信，便直接坠入昏暗中。我变得忧伤。所以，我可爱的人儿，我们属于彼此。我想有一天我将会把这首《私信》的手稿寄给你。不过得等我听过演奏以后，如此我便知道，在音乐里它们是不是同样意味着什么。你能明白我在说什么，有时候即使这些音符背后隐藏了强大、富有力量的感情，耳朵却不容易辨认，感情从耳边溜走。伟大的爱，虚弱的作品！而我希望是：伟大的爱，伟大的作品！陪伴我的爱是伟大的、忠诚的、恒久不变的，是一望无际的宽广，是黑夜中的太阳，如白昼般闪耀。丰厚的音乐将诞生于此。请别将自己与我相比，因为你是如此善良、可爱的灵魂，你永远是我于千万人中挑选出来的女人。我不会将你和开花的栗子树相比，它指的是那个略微有些名气的作曲家①。如今,你就站在那棵树下,他很高兴树荫里有你,而你欣喜地看着他满树的花儿,满得溢出来的花儿们。

我不在乎它们②,我是个平凡的人,与棕色的卡米拉相伴。没有装饰,却是我满满的幸福。这种感觉将停留在你我之间。睡个好觉,我也去睡。当我醒来,你将是第一个闯进脑海中的名字。这是属于我们俩的快乐,我们生活中唯一的乐趣。

你永远的

L.

布尔诺,1928 **年** 3 **月** 18 **日**(No. 613)

我亲爱的卡米拉,

……

你知道,我的可人儿,我喜欢自己的这部新歌剧。到目前为止,前后修修改改已有一年之久。这是一个好兆头。以 56,000 克朗、50,000 克朗,分别收获了《摩拉维亚情歌集》和这部歌剧,如此完美的作品,不知道那些布拉格绅士们会怎样

① 指雅纳切克自己。

② 指花儿所隐喻的音乐作品。

感激我。这两部作品①是穿透积云的光的化身,你就是那道光,通过它们我看见你、听到你,独自感受你。你了解我的一切,你对我有如此强大的影响力。你宣告着对我的主权,小卡米拉的温柔法则。我将归顺于她,献上我的一生。她施展蛊惑人的魔法,左右逢源,从不逃避。即便我将她捆绑,拴在身边,不,她,卡米拉依然知道如何解脱。是的,她真的可以。我如此深爱她,无穷的爱,正如她一样。

睡个好觉。

你永远的

L.

布尔诺,1928年3月28日,夜晚(No. 619)

我亲爱的卡米拉,

今天尽是些苦差事。早上七点起床,直到快八点才吃完早餐。我正在为誊写的人准备乐谱,首演《格里高利弥撒》的布拉格指挥忽然闯进来,几乎是"飞"进来!他称音乐中有很多错误!于是我们俩坐下来修改到十二点半。简单地吃点午餐,誊写乐谱的人就来了。他纠缠我到五点。那些笔记、注释

① 指雅纳切克当时手头两项最重要的工作:歌剧《死屋手记》的完结以及《摩拉维亚情歌集》。

几乎在眼前“跳起舞来”，似乎这些字符都喝醉了。随后，我散步到邮局，心情却更加沉重：竟没有你的信。我打消了吃晚饭的念头。读了会儿报纸，此刻正独自一人苦闷着。不知道我皮塞克的小淘气正在做什么呢？她身体应该好多了；她有信可读，甚至有好胃口。唯有离开布尔诺，我才能真正地休息一下。在布尔诺，只能将自己埋在工作堆里，在这里感受不到全身心的放松，一刻都不会有。

我把它们全部留在了皮塞克，只有那里是天堂。当你关上炉火，走进房间，度过温柔的夜晚。我完全可以嗅到属于我的小小黑天使的气息。

今天收到了那个法国人威廉·里特从瑞士寄来的信。他计划用法语写一本关于我的书。对于我的《弥撒》，他几近吹捧。为什么是一个法国人有这样的念头！我们自己这些本国人却从不会珍视这些，噢，不！音乐中尽是对你忧伤的回忆，我们在卢哈乔维采的相遇，一切你赋予我的深刻影响力都在这部神圣的、珍贵的作品中发光。好吧，爱情是一个巫师。忠诚地将自己献给爱情，它回馈你快乐。它令人陶醉、欣喜若狂，它包裹着你，它隔绝尘世。它在空气中制造出芬芳，冰冷中生发出灼热的情欲，它令周围一切看起来如此漂亮。所到之处，你所需要的就是那一双黑色的眼眸，乌黑的头发，柔软的身体如丝绒般滑顺。总之，你只想要你的“卡米卡”。我感觉好极了，很满足。……

亲爱的小灵魂，关于我的小交响曲在德累斯顿的演出反响，有人鼓掌，有人吹口哨发出嘘声，不过前者赢了！看着人们因为我的作品而争斗，感觉好极了。我不在现场是好事，否则自己也会被卷入其中。布洛德博士称将经常出入俄国大使馆。无论如何，告诉你的儿子鲁迪，尽量别去什么共产国际体能训练营。我们需要在家中的宁静和真诚的作品！睡个好觉。

你永远的

L.

布尔诺，1928 年 4 月 1 日，夜晚（No. 623）

我亲爱的卡米拉，

对于我，星期天是乏味的、漫长的一天。多数时候都是些干巴巴、枯燥的对话。今天一整天都在担心你的身体，偶尔想起你的幸福似乎总是被阴云笼罩。下午的时候，我到城外走了走。天气很暖和，不过风不小，随时要吹走头上的帽子。我并未走得很远。既担心你，又焦虑下星期天的音乐会（4 月 8 日），不知道我的《格里高利弥撒》会如何。指挥太年轻，排练次数太少！星期天，乐团将在上午进行最后的走台，下午进行第一场音乐会，而有我作品的那场在晚上。会是怎样的结果？卡米拉，我打算星期五（4 月 6 日）晚上抵达皮塞克。至少可以看看你，亲自确认你到底好不好，然后我们再根据实际情况作决定。

四月和六月，真不知道我是不是能撑过这两个月，但愿不要发疯才好。谱子的工作令我与乐谱誊写人磕磕绊绊，音符们像是着了魔似的在眼前跳舞。

一个人怎么可能成为自己的奴隶呢！不过我就是这样的人。

你今天一整天都在做什么？吃药吗？风那么大，皮塞克的空气中一定有不少扬尘，但愿你不要出门才好，千万别享受这不干净的空气。自打在严寒的冬天为圣诞节准备那些鱼，到现在还有后遗症！你的身体本来已有好转，可别又白白浪费了在卢哈乔维采恢复的健康。

……

我的可人儿，早点到卢哈乔维采吧，四月或五月初不成问题。你必须接受全新的治疗和调养。不过我有些困扰。即便你也坚定地相信第六感，我依然忧心忡忡，因为这一次你是一个人上路。人们总需要互相照应，更何况一个病人。生病可不是什么轻松的事。不过，好在我尚健康，这么想也就好些了。我的卡米拉，为了我好好保重！

你永远的
L.

布尔诺，1928 年 4 月 3 日，夜晚（No. 625）

我亲爱的卡米拉，

今天《人民报》的人问我是不是可以为复活节特刊写点东西。

还能写些什么呢？关于你所做的一切，所有美好的事，我应该把它们写出来，是不是？

所以我准备写点东西，让报纸刊登出来。

布拉格的排练时间定在星期六和星期天，从上午 9 点开始。我计划在星期五晚上 8 点左右到，我会先到兹迪采（Zdice），然后去皮塞克。

……

今天我们（我和兹登卡）讨论着怎么度夏。讨论一下也好，卢哈乔维采和胡克瓦尔迪之行已确定。兹登卡了解我与她之间没有什么共同语言，她正在找旅伴，这样中途可以去其他地方走走。

我们俩都心平气和。

我现在只想着你快点好起来，这个思绪持续地纠缠着我，我都不记得上一次信中是不是错误地传达了信息。对了！一定要试试维摩拉医生开的药。它们对我的帮助很大。服用奎宁后，我病情便得到控制，很快就痊愈了。

除了想这些，我几乎就像是被挤干了的柠檬，毫无用处，谁都可以将我随手丢弃。我的脑子里一片空白，没有灵感。任何看见我的人肯定会小声嘀咕：那个自顾自沉思的人是谁，看起来多么六神无主啊。

你还没有收到卢哈乔维采那边的回复吗？

那真是一个漂亮的疗养胜地，而且距离不远。

啊，我的小可爱，我不知道怎么在脑海中勾勒你的样子，是病恹恹地躺在床上吗？是不是正轻声叹息？是好点了，还是更糟糕了呢？我静静地坐着，仿佛来到十字路口。我不知道思绪该往哪一条路前行。每件事似乎都是伸出来的树杈。就好比本来就只有一点水，那道该死的墙连那一点点水也给堵上了。我似乎丧失了往日一股脑儿往外冒的兴高采烈。

我的文章以此结尾：

所以，快点让我再听听你那柔软的呼唤，说着“看啊，大师”，还有尽快对我说你已安然无恙。

想着你顽皮的笑，与生活中的乐趣，否则我将成为渐渐衰弱的火,唯剩一点腐败的臭味。它再也燃烧不起来,再不能变得温暖,还是拿水把它浇灭了事。

总是想念着你,你永远的

L.

雅纳切克在贝特拉姆卡(Bertramka)入口处,《唐·乔万尼》首演期间,莫扎特曾居住于此。雅纳切克在照片背后写道:"啊,走下台阶,寻找人为什么要活着的理由。它们不是空洞无物的音符,从某处而来的热情总是将它们注满。"(摄于1928年4月7日)

 *1854—1928*

布拉格，1928 **年** 4 **月** 10 **日**(No. 627)

我亲爱的卡米拉，

当你离我而去的时候，我感受到了自己的爱，我的爱，痛苦的爱。竟是如此多的伤痛，我哭了。每每与你相处更久，我就变得更糟。总是感觉自己重重地摔在坚硬的地面。

在卡尔施泰因堡的一切是多么美好，在那儿我们一起吃了午餐。当你的手轻托着头时，我内心满心激动，那正是梦中你的样子。可现在，我被遗弃在这里，流着泪！我们自星期六所共同经历的一切，那些音乐会，这一切陡然变得毫无意义，一场空虚的梦。它引发不起哪怕一个笑容或者一滴眼泪，你下车了，我被泪水湮没。不，我需要一个终结，已不能承受更多的痛苦。不管怎样我还是高兴的，因为我为我的爱而流泪。至少应该庆幸我能透过这小小的信纸思念，透过你那小小的手指，这些话从你的唇飞到我的唇上，小小的飞吻。若没有它，那么眼泪将是苦涩的！卡米拉，你不能给了承诺，又不去实现它，你不可以这么做。

唯有在你身上，我才得以存活，你是我的信仰，我亲爱的小天使。你必须将自己全身心地献给我。感谢你过去几天带给我的陪伴与快乐。

你永远的

莱奥什

雅纳切克与斯托塞尔夫妇参观贝特拉姆卡，右边站着布拉泽克博士，捷克莫扎特协会的负责人。摄于 1928 年 4 月 7 日。"我们彼此站得很近。身后的山林小屋也曾给莫扎特带去愉悦的时光。或许那朝着我们歌唱的鸟儿的家人曾经也为他唱过。这张照片抓拍得很好：你正笑着，而我一副心满意足的样子。"（1928 年 4 月 29 日信，编号 642）

 1854—1928

布尔诺，1928 年 4 月 13 日（No. 629）

我亲爱的宝贝卡米拉，

别因为分别后我没有只言片语而胡思乱想。我只是有说不出的难过，因为你已经离开！经历了如此美好的时光后，你就这么走了，我都没有时间可以触摸你的唇，这个简单的动作可以证明你是我的。一切都太过于美好！不过，即使是太阳，也不能保证自己总能将温暖的阳光洒下；再温柔的雨也会打湿行人。而我的卡米拉是不是知道她湿润的嘴唇不光属于她自己，也属于我呢？

当我们走出酒店的一刻，我如此伤感。仿佛立刻变了一个人，当我提起我们的信，你一点即通！没有什么能改变这一切。眼泪将一切冲走，我将记住我们在布拉格的快乐。再没有比这更美的时光。

啊，说到那些信！你竟不是每天都能收到信，这太令人费解了！这么说吧，我每天早上十点就会把它们塞进邮筒；应该隔天就会送到你手边，难道不是吗？日复一日，从未停止写信，甚至星期三晚上从布拉格我还投递了一封。以后写信告诉我你是否都收到了。

亲爱的卡米拉，如今我感觉焕然一新！我有股勇往直前的胆量，清楚地知道方向；笑容挂在嘴角，我开始努力工作！

对你的渴望就是令人吃惊的力量。我因此而强大,不再心烦意乱。哦不,我的小可爱,我们将经常相伴,长久地相伴,更长久些,天长地久吧,不再有苦痛,只有无尽的快乐! 能写信真好。如此说来,皮塞克的每个人都已经知道我们分不开了吗? 是不是他们还知道我们将来也都不能分离呢? 我是如此欣喜! 不再有秘密,绝对的坦诚与真实。还有你的孩子们,他们听到这样的消息高兴么? 你看,我们并未曾对这些精心计划过,结果一切却来得如此美妙,除了那个吻。不过我们可以对此作出弥补。想想那顿午餐,我们看起来就像是"丈夫与妻子",我们相互间有无尽的渴望。五杯法国白兰地下肚,头竟一点也不疼! 一瞬间,阳光令我们炽热地燃烧,它对我们宠爱有加。之后,我们漫步在小路上。你乌黑的头发散发着香气,带着胜利的姿态摇摆。没有比那更安详平静的地方,没有刺,没有伤痛。我们在一起时总是快乐的。我的双眼只停留在你身上,多么愉悦呀! 不,在这一刻,尘世间没有比我们更幸福的人了! 至今我还能真切地回味当时的柔情!

噢,卡米拉,我脑子里忽然又想起你说过的话——"我是不是橡皮做成的?"即使你是花岗岩做成的,如坚固的城堡,即使你说"我是不是由花岗岩做成的",你会吗,可能吗? 不管是什么做成的,你还会是可爱、柔软、安静的卡米拉,不是吗? 就让这些幸福朝我们奔涌而来吧,即使它是盲目的,它终会找到我们:突然地、毫无预期地自己找上门。我们将坠入幸福的怀抱。那一刻,将如颤抖的大地散发出美丽的光芒,你将呼喊"这从未经历过的一切!"带着神圣的沉静,我期待着充满喜悦的时刻，它一定会来！

现在谈谈我最新的四重奏作品《私信》。

今天，摩拉维亚四重奏的负责人对我说："这是一部伟大的作品！"这是最重要的事。一周后他们将为我进行试奏。首演地选在皮塞克。问题来了，谁来演奏？如果是捷克四重奏就再好不过了。这是一个享有国际声誉的室内乐团，他们能将作品传遍整个世界。当然，这并非是对舍夫契克①与维米托尔②教授的轻视！我们将安排维米托尔教授亲自邀请捷克四重奏。关于舍夫契克，我指的是舍夫契克的学生们，他们手上缺少两件重要的乐器：抒情维奥拉及大提琴。在排练期间外借这些乐手亦不现实！排练将被安排在布拉格，而后在皮塞克首演。卡米拉，请将此消息告知科德尔③校长。等时机成熟，我们将尽力弥补一切，我想用不着等到秋天。

如今，我的小灵魂，我真高兴你终于被卷入音乐之中。干

---

① 舍夫契克（Otakar Sevcik，1852-1934），乌克兰哈尔科夫帝国音乐学院一位颇有声望的小提琴教授，曾就读于布拉格音乐学院。1906 年退休后来到皮塞克办学，他的到来吸引了一些来自世界各地的杰出青年小提琴家。雅纳切克曾邀请舍夫契克加入布尔诺音乐学院未果，二人在皮塞克有过几次会面。

② 维米托尔（Cyril Vymetal，1890-1973），教师、指挥。身为一名指挥的儿子，维米托尔先后在皮塞克、布拉格及慕尼黑接受音乐教育，随后于皮塞克的学校担任音乐老师。他是皮塞克当地音乐圈内的活跃人物，同时担任舍夫契克小提琴学校的合唱团声乐老师。1925 年 5 月，携业余的斯美塔那交响乐团于雅纳切克的庆典音乐会中演出了《拉什舞曲》。

③ 科德尔（Alois Kodl，1861-1944），皮塞克一所中学的校长，业余音乐家。由于卡米拉的儿子于这所中学就读，通过卡米拉，科德尔与雅纳切克相识。科德尔是皮塞克重要的音乐人物，1925 年他组织了雅纳切克的庆典音乐会。后来，在他的帮助下，雅纳切克邀请到摩拉维亚四重奏于皮塞克首演第二弦乐四重奏。科德尔是雅纳切克在皮塞克逗留期间时常拜访的朋友。

杯吧，喝下属于你的庆功酒！

［此封信没有署名］

布尔诺，1928年4月15日，夜晚（No.632）

心爱的卡米拉，

我们要好好地活着，更何况现在我们有活下去的理由！与你汇报些关于《私信》的情况。有人将其误解为供大乐团演奏的交响作品，大错特错！这是我的第二部四重奏作品：两把小提琴，抒情维奥拉和大提琴。乐手们将会自己先练习。在捷克斯洛伐克有一些不错的四重奏组。最好的、国际上最有名的应该是捷克四重奏。他们常年在各地巡演，我的第一首四重奏也是由他们传遍世界各地的。

在皮塞克，我们找不到这样的四位乐手；你知道他们连乐器都不全。更糟糕的是皮塞克人总是喝得醉醺醺的！

因此我还是希望把"你-我"共同的创作交给捷克四重奏。他们欣然接受了，将尽快进入排练。关于首演，我有一个条件，第一场演出必须在皮塞克上演。

最近，在布尔诺剧院正在上演一出有名的戏剧：《大鼻子情圣》（*Cyrano de Bergerac*）。说的是一个男子长相丑陋，鼻子很长，唯一可取之处便是他善于用美丽的语言表达爱意，常常这爱意还是毫无希望的、无私的爱。他的长鼻子令别人对他望而却步。他给某位女士写情书,美丽的情书,一日一封,有时甚至是一日两封!这故事令我想起了自己:男子带着浑身的伤,用心记诵着写给“她”的情书,最美的情书。这故事简直令我震惊!最终他对女子吐露燃烧的爱情,然后死去。我想到了我们俩的这些信,它们在布尔诺与皮塞克之间来来回回。该怎样形容我们之间的爱?它沸腾着,如烈酒。我不停地加温以至于爱都要满溢了出来。不,这是一座火山!你甚至不知道激情的出口来自哪里。来自你深邃的眼睛,你躯体的每一道曲线。喔,上帝的火焰永不会熄灭。

今天早晨下雨,到下午晴朗的太阳探出脑袋。我好奇自己的《私信》将创造出怎样的神奇。这是有生以来的第一次,每一个音符都在诉说亲密的感情,诉说我们从相识到今日的每一次成长。音符背后站着你,强有力地存在着,爱着。你身体散发的清香,你滚烫的亲吻——不,应该也是我滚烫的亲吻。你柔软的唇,音符是我的吻,热情地渴望着你。

人们都说作品非常好。

……

你永远的

L.

布尔诺，1928年4月16日，夜晚（No. 633）

我亲爱的宝贝卡米拉，

你写来的三封信，我熟记于心。

第三封信提到与科德尔先生的趣事以及作品《私信》。第二封信，你诉说了从未有过的柔情，最美妙的瞬间：当列车缓缓将你带离我的身边，你静静地哭泣。

看吧，这就是我们俩的真实，该拿我们俩怎么办才好?!

还有这第一封，你在心中回忆了那段天堂般的午后时光。美极了的下午。事实上，那里燃烧着炽热的爱！今天，我等待着来自你的话语，或者它们明天才能送到这里，带给我快乐。

我很高兴，我的小可人儿，工作进展得很顺利，《死屋手记》已到了收尾阶段。我不再焦虑全新的旅程，说起来明天还是我们一起去卡尔施泰因堡一周纪念日呢！亲爱的上帝啊，请用魔法赐予我们风和日丽的纪念日吧。“既然你们如此相爱，就让我用完美的太阳照看你们”，或许他会这么想。我们向他清清白白地展示一切，没有隐藏。有一天我们将一起在遥远的乡村漫步，就我们俩，我们在一起！会怎样，我的淘气鬼！听听世界的声音吧！一切尚未到来！

……

我又想去看望你了，一些第六感在脑中生长。

只是不要有人以为我脸上的笑意是因为布尔诺就好！我的“幸福之根”在远方。想象一下，我手中拿了些老杂志，其中有这样的标题：

摇篮曲①

扬·阿摩司·考曼斯基②作词，莱奥什·雅纳切克作曲。

这是了不起的小品。好几年前，我就已经写过一首摇篮曲，存放收藏着。

如今，我的小灵魂！你好吗？是不是不再因为咳嗽而焦虑了呢？我很庆幸我们有 Výmola 医生。你星期天都做了什么？有没有锻炼身体？即使在布尔诺，也有人跟我汇报，说你又丰腴了些！他们总在找关于你的新闻③！让他们等着，等着瞧好了！现在毫无动静，对他们而言无异于折磨。他们把我们俩看轻了。不论在皮塞克还是布尔诺，无数只眼睛把你上上下下地打量。

让一切放慢脚步，它们一定会到来。还有你家里的情况如何？你是不是把一切都整理得井井有条？

我正喝着卡尔斯巴德矿泉水；每年这个季节的固定节目，在家自己喝卡尔斯巴德矿泉水调养。不过为此必须早起，有十四天左右的折磨。这里常常下雨，并不太适宜装修房子。

---

① 雅纳切克为17世纪捷克教育家所写摇篮曲所配的钢琴音乐。

② 扬·阿摩司·考曼斯基(Jan Amos Komenský)，一位以捷克语为母语的摩拉维亚族人，职业为教师、教育家与作家。他曾担任摩拉维亚兄弟会的最后一任主教，并且是公共教育的最早拥护者，其理念在他所著作的《大教学论》中提出。他被认定为现代教育之父。

③ 人们都在怀疑卡米拉是不是怀孕了。

你是不是已经睡着了，我也要闭目休息了。来吧，现在就来吧，让你可爱的信儿们飞来吧！它们一定已经在路上。

你永远的

L.

布尔诺，1928年4月18日，夜晚（No. 635）

我亲爱的卡米拉，

……

想想吧，布拉格国家剧院周六上演《耶奴发》，周二是《马克罗普洛斯事件》。只有你的“卡塔”没有进账。

今天真是精疲力竭。为了要进行卡尔斯巴德矿泉水治疗，我早上六点起床，之后散步、工作。一整个下午忙碌不堪，有那么多事要完成，从两点工作到七点！晚上若有人在街上遇见这个眼睛低垂，步履蹒跚的家伙，一定会说，此人一定做了什么可怕的噩梦。这根本不是什么噩梦，只是一位来自皮塞克的小黑恶魔，它总是蹲坐在我的脑袋里。这么跟你说吧，如果不尽快把这些抄谱员丢出窗外，我会疯的。

要是有一双拖鞋围绕着我就好了，要是有一袭长发在身边飘荡就好了，至少我可以朝它们望去。不过什么都没有，只有这些抄谱员抽烟、喝酒散发的臭味！

 *1854—1928*

民歌集①已准备付印，因此他们需要我去一趟布拉格。卡米拉，这二十年的工作终要完成。一切，任何事都已了结！甚至是歌剧，似乎自己将走向歌剧的终点。如今人们对于歌剧的喜好着实可怕！那些受欢迎的作品是多么丑陋！在流行的歌舞剧《不，不，南妮特》(*No*, *No*, *Nanette*)②中，南妮特吹着长号。她跟长号有什么关系，我真是不懂。不过似乎每个人对于她的举动都狂喜激动不已！这就是现在的品位。今天，天气暖和些了。让我们在皮塞克的天堂洒满阳光吧。周二一起去布拉格看《马克罗普洛斯事件》怎么样？我需要

永不间断的“卡尔施泰因堡之约”，

那个永恒的贝特拉姆卡之地

一直与我的黑美人卡米拉在一起；

除此，便是沙漠。一切好像是踮着脚尖够葡萄，葡萄却高不可攀。它们是如此香甜，饱含汁水，泛着朦胧的暗红色，它们熟透了，诱惑着我。它们不是葡萄，是卡米拉炽热的嘴唇。睡个好觉。

你永远的

L.

---

① 指的是《摩拉维亚情歌集》。

② 文森特·尤曼斯(Vincent Youmans)的音乐剧《不，不，南妮特》于1928年4月13日在布尔诺首演。

布尔诺,1928 年 4 月 25 日,夜晚(No. 639)

亲爱的,宝贝卡米卡,

你终于对我说出了你爱我!这三个字,我不知对你说过多少遍了,而你的这一次远胜过我的千万次。我们那两天一起沿着皮塞克的街道散步,那些碰见我们的正统家伙一定在想:“他们现在如此坦然地走在一起,他们一定是订婚了!”

正好让他们想去,命运在恰当的时候会书写下我们的关系,我们只管往前走,无需躲避。

……

估计你已经收到了布拉泽克博士从贝特拉姆卡寄来的照片。它们的效果真不错,你看起来很漂亮;我们肩并肩地站着。这些照片将被摆放家中以作纪念。一条线索引出另一条线索,一环扣着一环,最终定会将莱奥什与卡米拉相连。希望捆绑的链条是短而结实的,如此,你我将紧密地在一起。

 *1854—1928*

布尔诺，1928 年 4 月 26 日，夜晚（No. 640）

我的卡米卡，

你读到昨天报纸的一则消息了吗？某美国人花 200,000 美金买下安东尼·德沃夏克的六首作品手稿！今天的报纸又说，这则新闻只是一个谣传。我就自顾琢磨起来，我的卡米卡应该从《私信》中得到多少呢？我昨天估算着差不多应该在 2000 到 5000 之间，今天我对自己说这数字只能是谣传，因为它是无价的。

……

关于胡克瓦尔迪房子的工程进度，一点消息都没有。你知道总有些人会说“有的事情总得慢慢来，急不得”。这句话同样适用于我们俩身上。如今我对此更加确信，除了这些“急不得的”，我们经历的一切是如此美好。幸福从未离开过我们。所以，我可以忍受这时间的煎熬，忍受这一切代价；你总是如此值得疼爱，我如此爱你，胜过千言万语。只有在这一刻，我才成为完整的人。他不再为他人所动，只为那个可爱、漂亮的、小小的卡米卡而活，为我的卡米卡而活。

你永远的

L.

布尔诺，1928年4月29日，夜晚（No.642）

我亲爱的卡米卡，

我把照片拿出来看了又看，看着它心里美滋滋的，照片里的你很快乐。只有我们两人头上顶着帽子，一看便知道谁和谁是一对！今天，我去了布尔诺的葡萄园。目光所及皆是弥漫的花海，香气，几乎可以听见植物们发芽的嗞嗞声响。鲜嫩的芽儿尽力伸展它们的绿叶，不愿再受束缚，似乎原本盖着它们的是一层鸭绒被。它们已放开稚嫩的手脚，唯有我形单影只，身边没有可爱的花儿陪伴，我的那朵黑玫瑰。若是她在，花儿们将黯然失色；若是她在，葡萄园将满是笑声。这些小岔道一定不能满足她贪玩的心思，阳光也不太充足。不过值得庆幸的是，每一刻的光影变幻出不一样的风景。你可以向远处眺望。太阳仿佛为一切镶上金边，铺就通往童话世界的小路。童话故事里只有两个人，一个是你，一个是我。

在这个童话故事里他们彼此相爱，为了对方心生欢喜，只为对方而活着，守护彼此的幸福，并快乐地饮尽爱的甜美。

你可以想象出这样的画面？在童话里，他们住在农舍小屋，门已闩上。他们只在此刻打开门，让世人看见他们依然幸福地相爱。我无法停止想象这样的画面。你也应该小心翼翼地收藏这童话：在一个特别的地方，我们在一起。不知道莫扎特爱杜舍克夫人有多少，与我爱你一样多吗？我想，我的爱比他更多。

睡个好觉。

你永远的

L.

布尔诺，1928 年 5 月 2 日，夜晚（No. 645）

我亲爱的卡米拉，

……今天收到了来自胡克瓦尔迪的消息，工人们已经把房椽做好了，如果近期的天气晴好，房子将在 5 月份完工。真令人高兴，到时候房子需要干燥通风一段时间。

我需要在舞台上刻画一个“反派角色”①，只是脑中尚未有可以恰如其分的表达线索。我不停地写写丢丢，总有东西要被丢进垃圾桶。嗯，现在正值春色，我总是被它吸引，还是离开工作台去外面走走吧。

你正在读关于莫扎特的传记，恐怕你将渐渐熟悉那个地

① 意指歌剧《死屋手记》的第二幕。

方，莫扎特在布拉格逗留期间住在大师杜舍克①家中。或许在那里，可以了解更多关于杜舍克妻子的轶事，她是一位歌唱家，莫扎特为她写了咏叹调②。我想莫扎特与杜舍克夫妇间有特殊的友情。

今天还收到了我所作舞曲的曲谱，超过两百多页。我需要检查一遍并找出错处。我已开始埋头苦干。

……

你知道我现在最想做什么吗？我想将自己空荡荡的脑袋枕放在你腿上，听你讲童话故事。我们可以做到。关于演奏《私信》的乐手们③，尚未取得联系，我打算现在就写信给科德尔先生。最近一段时间，天一亮我便起床。昨晚你走进我的梦里，不过一大堆音符冲我飞来，它们破坏了一切。你时隐时现，一个狂野的、令人困惑的梦。真是累极了。我知道什么于我是良药，那是你血红色的唇。

你永远的

L.

---

① 弗朗蒂舍克·克萨韦尔·杜舍克（František Xaver Dušek，1731—1799），波希米亚作曲家，钢琴家。他长期在布拉格以担任成功的钢琴教师谋生，同时是一位重要的交响曲作者。他与莫扎特关系非同寻常。他的妻子是一位出色的女高音，经常在莫扎特的歌剧演出中担任角色。

② 莫扎特为杜舍克夫人所作的两首音乐会咏叹调，分别是：《啊，我预见到了！》（*Ah，lo revidi*，1777）与《我热情的姑娘》（*Bella mia fiamma*，1787）。

③ 指摩拉维亚四重奏。

 1854—1928

布尔诺，1928 年 5 月 5 日，下午（No. 647）

我亲爱的卡米拉，

……

我早上去了邮局，想换换心情，结果依然没有收到来信。

如今，我真的感觉是时候放下手中的笔了。不再想任何事，只聆听于你，只看着你。现在的我感觉精疲力竭。你星期天会做什么呢？是不是已经为我们的旅行准备好一切了？你现在和鲁迪在做什么呢？我知道你心烦，不过时间总是过得飞快。让儿子自己作决定，你必须忠于他的选择。……

他们将在 5 月 15 日为我试奏四重奏《私信》。若非你是音乐的化身，若非你居住在这些旋律中，我恐怕都已经要将它忘却。由于申请得过晚，协会方面将不提供 5,000 克朗的奖金支持。当然，我已经在《马克罗普洛斯事件》所获的国家奖项上拿了钱。还有承诺的《马克罗普洛斯事件》的柏林版制作！现在已经是五月了，让他们推迟到秋天好了。我再也不要听什么鬼音乐，都已经五月了！你正如花儿般盛放，而我却在沉重的工作中渐渐枯竭。没有一点乐趣！只剩下山谷间的回忆。这些回忆必须足够强大，才能补偿我的忧伤。

……

卡米拉，抄谱员刚刚离开。你无法想象《死屋手记》加诸

自1918年起，雅纳切克每次去卢哈乔维采都会待在奥古斯丁会堂，位于树木繁茂的郊区。“Alojzka”是镇上的一处温泉浴场。“是时候放下笔休息一下，从奥古斯丁会堂走到Alojzka。”（1928年5月5日信，编号647）

我灵魂上的沉重，被压迫、压抑的痛苦将随着它的完成而消散。这是第三个年头，我夜以继日地为它而苦。唯有与你在一起的时候，我能稍稍忘却。但最终的结果如何，甚至我自己还看不清楚。如今，音符与音符互相堆叠成小山，一座混乱的巴别塔在眼前升起。如果它突然倒塌，我将被埋葬。

即便如此，在卢哈乔维采，我也会把自己从废墟中挖出来。我们将一起欢庆！明天是星期天，我将去布尔诺周边转转。我将弯腰俯视每一条小溪流，看看是否可以在流水中望见你的身影，我将永远与你相伴。

好好享受你明天的阳光。

你永远的

L.

布尔诺，1928 年 5 月 5-6 日，晚上（No. 648）

我亲爱的卡米拉，

……

今天从邮局回来，我把信揣在口袋里，思绪又不知道飘到哪里，两眼看着地面。这时候，有一个人从我身边经过，我可以感觉到他转过头，用德语问道：“您是雅纳切克先生吗？”

“是的。”

“我给您带来了美国的问候。您是不是已经有勇气去美国了呢？”

“是的，我有；只是还不清楚是不是值得。”

“我在美国的报纸上看过您的照片，所以才认出您！我叫瑟马克，是当地一个建筑师戈特弗里德·瑟马克的兄弟。”

他竟然能认出我，真是令人欣喜。随后他与我道别，匆匆朝火车站方向走去。

……

这么说，你今天睡得不错。我依然在等待着关于磨坊主妻子①的灵感，那是个漂亮而有风情的女人。离家之前，磨坊主下了命令："不许让任何人进屋！"然而磨坊主前脚刚踏出家门，便传来叩门声，她将男子让进门，调起情来。

就在这时，又有人敲门，是一位职员。她把先前的邻居藏好，让职员进门。又是一阵调情。不久，又有人敲门，这回是一个长胡子的僧侣，她故伎重施，藏好职员后将"魔鬼"请进门，接着调情。

就在这时，传来狂暴的敲门声，是她的丈夫。门被撞飞开来——之后发生的一切，你可以自己想象！

明天我必须完成这个场景，之后我就可以把笔丢一边，喘口气了！

睡个好觉！

5 月 5 日，星期六，晚

啊，我的小可人儿，今天，5 月 6 日，我终于完成了！早上从八点到十二点半，之后是下午三点到五点。我心中的大石头总算落地，脑袋一片空白。打开大门，让我过普通人的生活吧。现在，你将登上宝座，请让我在你面前鞠躬臣服。如此漫长的时间，如此煎熬的第三年，它始终在我心中酝酿并成形，一刻未曾离开。你是那朵唯一闪着光芒的云，是令我偶尔离开工作安静休憩的庇护，我总想朝你奔去。全都完成了！

……

---

① 指《死屋手记》中的人物，第二幕。

甜美的梦。

你永远的

L.

布尔诺,1928 年 5 月 8 日,晚上(No. 650)

我亲爱的卡米拉,

跟我说说前晚的噩梦,为什么会有魔鬼闯进你的梦里?凌晨五点醒来,你就无法再安然入眠。或许是因为晒太阳晒得有点过头,影响了你的大脑。千万保重!如今我已完成手头的工作,似乎没有什么正经事可做。对我而言,乏味空虚比疯狂工作还要糟糕。

很快便会有转机,我们将享受二人时光。在天堂,时间对我们起不了作用,仿佛天堂里从未有钟摆。看来有必要找钟表匠弄一个闹钟。在胡克瓦尔迪,永远感觉安稳可靠!

要是现在能暖和点就好了!我一直想换上短外套,似乎仍然为时过早。今天,我助理的兄弟到访。他从布拉格来,告诉我杰出的指挥家瓦尔特①将在莱比锡和伦敦指挥我的《塔拉

① 指挥家布鲁诺·瓦尔特(Bruno Walter)1928 年 10 月 25 日携莱比锡布商大厦管弦乐团演出了雅纳切克的《塔拉斯·布尔巴》,这是作曲家作品在德国的首次亮相。1928 年 10 月 16 日,亨利·伍德爵士在伦敦首演了雅纳切克的《小交响曲》。

斯·布尔巴》。昨天我得知购买的国家银行债券收入 6,000 克朗。一百美金的增值速度如此之快,我们这些国债却不可能带来更多收益,真遗憾。更何况并不是每个人都拥有国债收益。你的 10,000 克朗升值了没有?我觉得现在升值的速度很缓慢,不过空间还是有的。那个小屋子几乎把我口袋掏空了,不过反过来想,至少可以看到花费金钱后实实在在的东西。

……如今,我似乎被囚禁在笼中,没有任何激动人心的消息,连一则平淡无奇的新闻都没有!在作品《马克罗普洛斯事件》的费用方面,环球唱片从我的收入所得中扣除了 996 克朗。我今天再一次写信要求他们给予解释,这已经是第三封信了。

若不是因为有你,我会如秋天的鼹鼠般把自己埋起来。你,我的阳光,温暖地包裹着我,因此我总是快乐地奔走在去邮局的路上,两眼盯着地面。

我在布拉格的演讲将推迟到十月!真令人沮丧。或许还会发生些什么,还有其他转机,我将站在皮塞克的桥上。

洛文巴赫博士①也与某人合写了一部歌剧。昨晚首演,整个剧场都是空的!这已是他们的作品第二次遭遇尴尬。

而我,只想与你在一起;只想将疲惫的头枕靠在什么地

---

① 洛文巴赫博士(Dr. Jan Lowenbach)以笔名“J. L. Budin”为作曲家马蒂奴(Bohuslav Martinu)的歌剧《士兵与舞者》(*The Soldier and the Dancer*)创作剧本,该剧 1928 年 5 月 5 日首演于布尔诺大剧院,指挥 František Neuman。

方，忘记世界的存在；只看着你的双眼，看着你丰满的身形。我不求拥有什么，只愿拥有你；不求听到什么，只愿听到你。你令我从死中复活。在经历如此工作重负后，一切又回到平庸的乏味。就像打谷的连枷敲在空空如也的谷场，磨坊的水车轮在空转，毫无意义。

你总是充满快乐！而我，却只能在“她是属于我的小黑美人”的思绪中获得一点安慰。我更想说：那是天空中的一颗小星星，是那枚白月亮，是那金太阳！它只属于我。只是摘星、摘月、摘太阳都是奢望！于是，我想，就等着那枚小星星降临地球吧！我会奔过去将它拾起——我的、可爱的小黑美人，终于触摸到她。今天，我在静谧的幸福中黯然神伤。

做个甜美的梦。

你永远的
L.

布尔诺，1928 年 5 月 11 日，晚上(No. 653)

我亲爱的卡米拉，

你在信中提到六月份去胡克瓦尔迪。

不知道届时那边的房子准备好没有，周一我会得到最新的施工进展(5 月 14 日)。我得去一趟看看那里还需要添置些什么生活必备品。

我不明白的是，既然你可以六月去胡克瓦尔迪，为什么对七月去卢哈乔维采还心存疑虑？不管怎样，最好还是六月就去。我们来看看怎么安排最合适。

6 月 9 日我必须在布尔诺，关于某大学①的奠基活动，我的合唱团将做现场演出。

关于在卢哈乔维采的住所，我觉得最重要的是健康、干燥还有光线充足。究竟要几张床无关紧要，不如把开销花在更需要的生活起居上。你能支付超出的 300 克朗的。预算上我们现在可以支付这一切。

嗯，接下来要说的是个玩笑话：如果我们要住在一起，我想一张床就够了！

有时候，两个人只需要异乎狭小的空间足矣；而有时候，他们至少得保持够远的距离才能安度，至少一个半小时的行程距离！

……

噢，我的小太阳依然高悬在天空！不过，总有一天我将走到它落下的地方，在日落的角落里抓住它，为它铺就歇息的床，再也不让它逃走。即使它燃烧、大叫、叹息或是到处乱窜，也决不放手！不，我的小太阳，你在黑暗的天空中隐退落下，枕着夜晚而眠，直到第二天早晨重又升起，我不愿放开你。你知道我的小太阳是谁吗？你知道在哪儿可以给她铺就小床？你知道她会不会大喊大叫？有一点是肯定的，她将燃烧，浑身

① 捷克布尔诺马萨里克大学法学院奠基仪式。

充满火红燃烧的血液。她是我的卡米拉！你说你现在总有更多的话想写下来，这正是我所需要的。你的信，那些对话是仅有的快乐与温暖。

今天我和抄谱员相处得不错；当他说“干不下去”时，我竟然没有掀翻摇椅，真是个奇迹。

……

我已经在期待星期五(5 月 18 日)《私信》的试奏！

睡个好觉！

你永远的

L.

布尔诺，1928 年 5 月 14 日(No. 655)

我亲爱的卡米拉，

……

柏林方面没有消息①，我也没有耐心再等下去了。另外，《马克罗普洛斯事件》的费用支付，环球那边意识到多拿了 2%，他们将退还。

今天有件令我高兴的趣事：一位年轻的女士贸然来访，她将一只包裹递给佣人后匆忙离开，那包裹上写着“献给大师！”

① 关于先前提到的歌剧《马克罗普洛斯事件》的柏林版制作。

我打开一看，全是诗歌。其中有一首写的是我，题目叫"L. J. "，还有一首标题是"在雅纳切克的《萨尔卡》之后"。加起来共有三十首，用上好的纸打印，制作精美。所有的诗歌都与我相关，说明私下里那位女士很了解我，谙熟我的一切。这位女诗人的名字叫 Božena Fmarja Věrna①，来自布尔诺。

这应该是笔名。或许我将渐渐走进这些诗句背后的世界。人们追逐着你，也追逐着我。就让我们在属于自己的世界里相守，不再注意周围这些狂奔喧闹的人。

不过有一件事，我心知肚明，我知道他们为什么总缠着你不放。对此，我一点都不乐意。

星期四(5 月 17 日)又是假日，邮局不递送邮件。

有件事情挺奇怪，到目前为止，他们尚未刊载我那篇关于贝特拉姆卡的文章。不知道这背后出了什么问题，我也不想过问。

我正在为十月份布拉格的演讲做准备。现在就准备是不是有些过早了？但相当一部分人是远道而来，因此也要尽可能地展现雅纳切克的智慧才好。在你那儿，我总是把这些智慧隐藏。那种感觉更自然更愉悦，尤其是当我们喜欢某个人时，感受到不可或缺的需要，犹如面包。在彼此爱的人身上我们找到真正的愉悦与幸福。

好好保重，我可爱的灵魂。睡个好觉。

你永远的

L.

---

① 教师、诗人和翻译家，私下里曾出版多本自己的诗集。

 1854—1928

卡米拉致雅纳切克,皮塞克,1928 年 5 月 15 日

亲爱的大师,

昨天没有写信是因为从早到晚,我都在不停地劈柴。直到现在,身体酸痛甚至不能提笔。……不过我睡得像一块木头一样沉,一觉睡到天亮,真是累极了。

……每每读着你的长信,我就琢磨着自己写的东西可真傻气,还常常令你烦恼。你提到要给我订阅 Zvon 杂志,别再给我寄来读物了,我这里有好多东西要读。况且现在是夏天,夏天我甚至不读书。阅读我并不感兴趣,如今也就在冬天读一些,这样可以吗?关于胡克瓦尔迪,你误会了,我是说只能七月去卢哈乔维采,六月我走不开。……今晚,我将独自一人去听音乐会,不想与朋友一起去,她很乏味。还不如找一个地方自己静静地听。你是不是特别希望自己是我的家庭教师?总是不停地说:不能做这些,在期限之前你必须完成这些。我是不是要经常因为犯错而被打屁股呢?那么,我们说定了,杂志只在冬天读,好不好?因为正值夏日,我只想一整天都与你闲谈,这样可以吗?

问候你的

K.

布尔诺,1928年5月17日,晚上(No.658)

我亲爱的卡米卡,

今天可真是个名副其实的"节假日"啊!抄谱员从早到晚都不让我喘口气。

下午结束工作后,我去什皮尔伯克(Špilberk)散步!猜猜谁与我同行?

我一离开家门,不知从哪儿,一个令人愉悦的精灵就这么飞进脑中。于是我们结伴而行,我不再孤独。

那个精灵开口说:"嗯,咱们聊些什么吧!"

我追随着我的精灵,她紧挨着我一路小跑。我们很快地穿过街道,来到公园。我偷偷望着她。她的个头与我一般。我自己在心里琢磨:我应该很了解你!似乎,我曾经向你表白过爱意。是的,我记得。那天很热,走路令人热血沸腾。她大概就在我前面十步远的距离,同样的姿势,朝地面弯着腰。随后,出乎意料地,她说了一句:"如果我属于你,你会和我一起做什么?"就在那一刻,薄雾散去,一切变得清朗。突然间,思绪犹如闪电穿过大脑,我与她之间的距离是如此贴近,在凝视她的时空里我渐渐被淹没,我渴望她的回望。忽然,她与我的眼眸间搭起一道金色的桥,桥的终点正是我的卡米拉!现在你明白了吧,这两个小时的散步时光我是与"她"共度的。我甚至抛弃了周遭旖旎的风光,也不曾看到远处乡村的美。就这么迷失在想象中,我的双眼低垂,走得十分缓慢,你这个可爱的精灵从未离开我身边。即使是一个人的时候,我仍可以这样快乐、心满意足。大概是下午三点到五点,你那个时候在干什么呢?我总是自我抱怨:“年复一年,为你而逝的时光怎能不令人感伤!”另一个生命从这里流过,触手可及。或许是忙碌的生命,然而生活绝不能如死水般存在!

明天,他们将为我演奏《私信》,至少是整首作品的一部分。我已按捺不住。科德尔先生很快将得到消息。

除此以外,我觉得自己有点像装进桶里的腌鲱鱼。当它们被塞在狭小的桶里时,又怎么可能畅想远方的大海?然而,我想做梦,我想在大海的波浪中漂流!我想要这些,哪怕只是伏尔塔瓦河那一点银色的小波浪!你知道我在说什么吗?我想你并不知道,因为你总说:“它们没什么特别的!”不,你是错的。那是一整个装满迷人的你的海洋!若是哪天堤坝决裂,那片海洋将把我淹没!今天就说到这儿吧,晚安。

我想要再如此狂野地梦一回,和昨天一样。

你永远的

L.

布尔诺，1928年5月18-19日(No.659)

我亲爱的卡米拉，

……

摩拉维亚四重奏来我这演奏“我的-你的”作品！我已经急不可待了。

他们演奏了第一和第三乐章！卡米拉，它美极了，奇特的、不受拘束的、充满灵感的，超越所有的凡俗与条条框框！总而言之，我们将迎来一场胜利。这是我首部完全从感情经验中脱胎而出的作品。在此之前，我只从记忆中搜寻创作的可能，而这首《私信》却是在火焰中写成的。以前的作品都只能被称为冒着热气的灰烬。作品将题献给你，你是它的起源，创作它给我带来从未有过的快乐。

我立刻给科德尔先生去信，让他安排节目。可以让维米托尔正式邀请摩拉维亚四重奏演出这个作品，四重奏的负责人库德拉切克先生在布尔诺大学担任教授一职，计划让他们这个秋天在布尔诺首演该作品。想着它将传遍整个世界，真是值得我们俩庆祝一番。

很高兴你终于作出决定。那么我们先去卢哈乔维采，然后再去胡克瓦尔迪，行程计划就这么定了。今晚，兹登卡称有些话要对我说。我说：“好啊！”之后，她又变卦，表示等到隔天早晨再说。于是,我径直走回自己的房间,内心很平静。我不知道她想要什么。终究,我们俩的关系已到了牢不可破的地步,没有任何人或事可以阻挡。

我将平静地睡去。你也做个好梦

永远的

L.

布尔诺,1928 **年** 5 **月** 19 **日**(No. 660)

我亲爱的卡米卡,

……

这部因“我们的故事”而生的四重奏作品令我高兴极了。我急切地期盼着,因为它的存在能令我更上一个台阶。

当我感受脚底大地的震颤时,当我看到太阳也随之摇摆时,当周遭的一切都变得骚动不安时,怎么可能不去歌唱这样摄人魂魄的喜悦?如此热烈的火炉永不会有冷却的一天,它令音乐中的每一个音符都散发出炽热的红光。它们犹如融化了的钢铁带着炙热奔腾。如此言语令人面红耳赤,你一定会将这几行诗句删去。那就做你想做的吧。(作品中)还有一些时刻充满倾诉低语的柔情,嗯,那是爱的告白,是渴望的话语,是永远不能被满足的渴求。你一定也会将此一并删去,那么就删吧。不过一切都是删除不了的事实。

今天下午，他们会为我演奏这部作品的其他乐章。我想他们不会令我失望的。

我星期二早上离开。写信到布尔诺吧，这样我星期四傍晚回来时就可以收到。

你永远的

L.

一张雅纳切克生前发行的布尔诺明信片，雅纳切克对卡米拉描述道：“这张明信片在布尔诺印制，展现了布尔诺的风景、我的音乐，一些关于《格里高利弥撒》的文字，还有我的脑袋。”（1928 年 5 月 20 日信，编号 661）

 *1854—1928*

胡克瓦尔迪，1928 **年** 5 **月** 23 **日**(No.662)

我亲爱的卡米卡，

这里装修进展很顺利，工人们做得很好。我想你也会喜欢这里。舒适的楼梯，一楼的起居室长 5.7 米，宽 5.25 米。这样你就知道我们需要什么尺寸的地毯了。房间铺着漂亮的、浅灰色的拼花地板。

这里很漂亮，阳光灿烂。我真想待久一些。不过星期五(5 月 25 日)下午，他们还要来演奏我们的四重奏。我明天中午将离开这里。

今天，工人们在安装电路和电灯。

你怎么样，我的小可爱，你是不是又靠着大石头晒太阳呢？

假期期间，布尔诺同时有几处剧院上演我的作品，不知道反响会如何。

等到他们开始油漆房子时，我还会再过来安排好家具、窗帘、地毯之类，这样一切都能准备好，迎接我的“黑皇后”。

保重。

你永远的

L.

布尔诺,1928 年 5 月 25 日(No. 664)

我亲爱的卡米拉,

……

今天他们终于完整地演奏了“你的-我的”作品。乐手们完全被这音乐所折服。他们请求我允许这部作品首先在布尔诺公开亮相。① 我同意了。同时,环球公司对此作品也很感兴趣。他们很有可能将此作品印刷出版。② 我将邀请环球的人参加 6 月 11 日的彩排。

现在,我的卡米拉,你来决定标题该如何写,有以下几种选择:

献给 Kamila S. 夫人;

或者,献给 Kamila Stösslova 夫人;

或者,献给 Kamila Neumannová S. 夫人。

我自己想使用你结婚前的姓氏。

保重!

你永远的

L.

---

① 依照雅纳切克最初的计划,弦乐四重奏《私信》应在皮塞克首演。

② 最终环球唱片公司并未出版该作品,十年后,弦乐四重奏《私信》由 Hudební matice 出版发行。

1854—1928

布尔诺,1928年5月31日,中午和夜晚(No. 669)

我亲爱的卡米卡,

今天我终于有机会谈论你,并夸夸皮塞克了!我去了马萨里克大学,一个自称是塞班内克博士[1]的人与我聊了起来。他向我展示了所有的存档老文件,十分丰富的馆藏。当我要离开时,他说他来自皮塞克,同样受过音乐教育。他清楚地知晓我时常到访皮塞克。除此以外,我说我时常是你家中的访客,他称认识你和你的丈夫。一下子话匣子就打开了,我们俩相谈甚欢。我说:“那么,我们很快可以在皮塞克相聚。”他说他假期会回皮塞克。今天上午没有等到你的来信,现在我打算再去一趟邮局,一定有封信在等着我!现在是5月31日,星期四,中午。

已经是晚上了,依然没有你的来信。想着你应该一切安好,快快乐乐的。人们总是在快乐的时候忘记另一个人。昨天我预订了一个盥洗盆。奇怪的是,这种东西竟然没有货存!他们是这么解释的:“现在是装修浴室的旺季!”上部和周围将

---

① 塞班内克博士(Dr. Jindřich Šebánek),历史学家,在布尔诺马萨里克大学担任教授。

使用灰色大理石，我知道你喜欢粗糙的质感，我们确保一切都接近你所想，包括存放肥皂的地方。

最令人头疼的是购买窗帘，我对这些材料完全没有概念。我可以将此任务留待我们在卢哈乔维采时再讨论吗？

除此以外，我感觉自己就像是在被放空水的鱼塘，双腿深陷泥沼。那些小鱼从不会溅起涟漪，也从不飞快地游走；水面上连轻柔的微风都没有，更何况泛起一点涟漪！甚至连草儿也不再生长。只要长时间没有你的来信，这便是我的世界！

这里不停上演着音乐会和戏剧，可是我哪儿都没去，默默地消失在角落里。等不到你的来信，我便如此黯然。

你当然了解我的心思：在这尘世间，我只找寻你一个。因此如此需要拥抱你生命的迹象。当没有你的消息时，我的大脑便是沙漠与空城。至于要不要开始全新的工作，我觉得先放一放。神经并非钢铁制成的。我放松的方式便是读你的来信，从字里行间感受真实的心跳。没有信，我是多么难过啊！明天就是六月的第一天了，再过四个星期，便是属于我们的佳期。

天气渐渐暖和起来。你一定又跑去晒太阳了。据说还是在皮肤上涂点油或者凡士林好些，不会晒伤。有人说一个人不能过度地在阳光下曝晒。不过你是一只泰然自若的小老鼠，你总是喜欢晒太阳，我的话根本听不进去。忽然，我有了个想法：将一块石头丢进水中，你不可能知道它沉入水底时是怎样的，不是吗？所以我想，等我准备睡觉时，你一定把信写好了！

你永远的

L.

 *1854—1928*

卡米拉致雅纳切克，皮塞克，1928 年 6 月 2 日

亲爱的大师，

我们刚从主治大夫那儿回来，我的腿脚在不停地发抖。母亲确诊患上癌症，只剩下五到六个月的时间，一切都完了。下周一她将接受手术。我自己也病倒了。妹夫已赶了过来，这样我妈妈旅途中好有个照应，不过现在说什么都太晚了。我无法去卢哈乔维采，如果我不再给你写信请别担忧，我正被悲伤笼罩着。

保重，

卡米拉

布尔诺，1928年6月2日，夜晚(No. 671)

我亲爱的卡米卡，

你的信犹如瘟疫来袭。如果是子宫内的肿瘤，那还真不是开玩笑的事。她需要找专家医师问诊，去医院做详尽的检查，或者可以到离布拉格市区不远的波多里疗养院医治。你母亲很可能已经生病有一段时间了，只是她隐瞒了病情。真的替她难过，请向她转告我的问候，但愿她能早日康复。我都想象不出她病了的样子，上一次和你在一起时，她也未曾抱怨自己哪里不好，不是吗？还有你！我可以设想你现在的状态，独自一人承受这种高压。没有人伸出援手，没有人给出建议。

不要惊惶失措。我想手术是当下最为对症的方式。

你的妹妹应该在最困难的时刻帮助你。不要丧失希望。只要确定了病情，就能找到治疗的办法。这是一种身体内部诱发的疾病，因此我想布拉格的列宾斯基医生是最可靠的选择。

你也要多照顾好自己，别给自己太多负担，你的神经太过紧张，这对你不好。

每天给我写信，至少给我发封电报。现在先别去想卢哈乔维采的事。离旅行还有一段时间。先不要急着取消预订好的房间。现在这种情形，我们可以见机行事，随时取消预订。

我相信你母亲会好起来，相信一切会依照我们所希望的那样。我相信命运不会如此残忍地对待我们。

理智些行事，不要毛手毛脚，别让自己慌乱。不管如何，如果这是命运，任何人都阻止不了。

你的母亲看起来是不太好，一般那些骨感的人都比较健康。我并不觉得她有恶性肿瘤的迹象，如果是早期的，那么一切都可以解决。

你看，我总是很担心你的健康。在阳光下曝晒，之后又跳进冰冷、湍急的伏尔塔瓦河，那简直是在拿你自己的健康赌博。要记住，疾病总是在一个人最没有防备的时候击败他。因此，你令我担心不已。

我替你难过，我的小可人儿。快乐被突然袭来的痛苦打破。代我问候你的妹妹。我想一切不会那么糟。记得每天给我写信，如果有必要的话，就发封电报。

不论是多么艰难困苦，我永远在你身边。

你永远的
L.

卡米拉致雅纳切克，皮塞克，1928 年 6 月 5 日

亲爱的大师！

我，无精打采地坐在这儿，仿佛没有生命的空壳。我不能上街,因为每个人都知道这事,所有人都在叹息难过。直到现在,我才看清有那么多人喜欢母亲,她是一个多么好的人。我真不知道自己将如何熬过这些,从未经历过这样的痛苦,一切都来得过于突然。我很失落,甚至不能相信这是真的,充满恐惧,整夜整夜地睡不着。今天,他们将实施手术。请别催促我,一切的快乐已终结。我躲在楼上,哭泣的父亲在楼下不停地自言自语,称要一死了之。我真不知该怎样安慰他,已没有任何力量。……

布尔诺,1928年6月5日(No.675)

我亲爱的卡米拉,

如今,我们的信只剩下忧伤!最近,我自己的事也不顺利。今早,柏林方面来消息称《马克罗普洛斯事件》出了点故障。同时,关于在法兰克福上演同样的剧目——《马克罗普洛斯事件》的合同已签订。[1] 另外,环球同意接受出版我们的四重奏作品。

这么说,快乐的卢哈乔维采之行就这么宣判死刑了吗?难道我必须像个弃儿般在那儿独自散步?徘徊在你的窗下?

---

① 法兰克福版的《马克罗普洛斯事件》于雅纳切克死后、1929年2月14日首演,指挥约瑟夫·克里普斯(Josef Krips)。

沿着属于我们的小径而行？走进我们的咖啡馆？我一定会在孤独中枯萎。为什么要发生这样的事！你必须好好安排一下，这样你至少可以过来与我度过一星期，或者两星期，至少可以借此机会逃离、休息一下。让你的妹妹替你照看一段时间。我难以表达心中的苦闷与难过。整整期待了一年的时光，我止不住流泪。似乎一直滋养你我的那口井突然干涸。原本摆脱的重负重又压得我喘不过气，而且比以往更沉重。要是你母亲早点发现自己身体上的不妥就好了！至少有机会阻止更糟的情况发生。

今天，都是令人不快的消息。《马克罗普洛斯事件》的柏林版制作磕磕绊绊。我信的开头就提过这事。我很不开心，因为糟糕的事情发生在你家中。想着你上上下下地在楼层间奔走，如此疲惫，像飘落的碎片。你需要找人帮忙夜间看护，比如陪床护士。你如此消耗自己，难保不给自己的身体带来损伤，往往这个时候容易种下病根！你的肺部忽然疼痛不是无缘无故的！我精神不振，不过独自一人待在大屋子里仍然是幸福的事。考虑一下让你的妹妹替你照看几天，这样你便可以来胡克瓦尔迪。求你别带走我最后一丝希望，也为了你自己好好考虑一下。不知道你现在正在做什么呢？如今已经快晚上十点了！

你永远的

L.

卡米拉致雅纳切克,皮塞克,1928年6月6日

亲爱的大师,

我刚收到从皮尔森发来的电报:妈妈将不会进行手术,医生们希望她的病情会有进展。我简直无法相信这是真的,上帝是无所不能的。上帝知晓这几天我是如何熬过来的。真不知道我现在是不是在做梦,或者,这一切都只是个梦。

我不相信这事是真的,或许一切都会好起来,令我们欣喜。

她明天将返回皮塞克,或许上帝已准允她安然无恙。昨天,有医生提出要动手术,也有其他医生表示反对。请不要生气,我将痛苦放于你身上,只是我没有其他人可以倾诉苦痛,亦无人可分享快乐。我知道你自己的问题已经够多了,你那少得可怜的快乐。如果可能的话,我只想带给你快乐。母亲抵达后,我将每天给你写信。我不希望你因为她而过于焦虑。……

 *1854—1928*

布尔诺,1928 年 6 月 8 日,夜晚(No. 680)

我亲爱的卡米卡,

你今天的来信令我松了口气,你母亲一定会好起来,对此我很有信心。同时,我也觉得你应该多替自己考虑,你也同样需要平静与治疗。总之,你需要卢哈乔维采之行,我已决定不去皮塞克看你,而是直接去卢哈乔维采,我在那儿等你。

如果你的妹妹能照看你母亲一段时间,那么你就可以脱身。

我的经验告诉我,这种病会是一场持久战。我的母亲如此①,还有一位亲戚也是如此。医生曾宣告我的母亲最多只能再活三个月,而事实上,她又活了六年! 所以,卡米拉,你需要重拾坚定的力量,你需要聚集自己所有的能量来应对现状。好好规划一下,到卢哈乔维采来吧。

我想要看见你,安慰你。不过我也相信你可以在这短暂的假期里休整一下。6 月 10 日到 19 日,我都不在布尔诺,可该死的抄谱员到现在还未完成工作。想到尚有一大堆工作未完成,真令人扫兴!

---

① 1884 年 11 月 16 日,雅纳切克的母亲阿玛莉死于胃癌。

我请求你，好好照顾你自己，多吃一点，保持平静的心情，不要焦虑不安。真正的慰藉只有一个：一切都交托在上帝手中！就让一切交由命运来裁定吧！

我刚从为大学学院奠基仪式献唱的排练现场回来，效果还不错。不过，现在下起雨来。不知道在明天的庆典上会不会因此被淋成落汤鸡。卡米卡，这些都无关紧要，我宁愿自己与你肩并肩坐着！我们已经达成共识，请你一定来卢哈乔维采。我可以想象你现在的状态，也知道怎么做才是正确的。若是没有你，我可能待上一会，随后悄悄逃走。医生对我说："尽情享用水疗吧，它能令你身心愉悦。"若是没有你，哪里来什么"身心愉悦"？那里的每一个角落都在呼喊着你的名字，我不能忍受这样的忧伤与渴望，我只能转身离开。你的信有着从未有过的羞怯、闪躲，你也一定渴望着卢哈乔维采之行。说不定，我们真能美梦成真！

我期待着你明天的来信。

你充满热情的爱恋

L.

布尔诺，1928年6月10日，夜晚（No. 682）

我亲爱的卡米卡，

今天是星期天。早上，我在家中给你写信，边上的抄谱员唠叨得烦人。将信塞进邮筒,想着,想着,想着我可爱的黑美人。如此想念,仿佛自己完全被思念包裹,像是虫蛹中等待破茧而出的蝴蝶,一只美丽的蝴蝶。我把自己包裹起来,包裹在我的卡米卡里。在她那儿,我获得完整的身体,完整的生命,生命中全部的快乐。

下午,我们去展览会逛了逛。真是棒极了,等你来,我也带你去看看。随后,我们进了一家红酒吧,一些来自米亚瓦①的音乐家在演奏音乐,其中两位是吉普赛人。我的思绪立刻飘到皮塞克。我静等夜幕的降临,灯火被点亮,看起来一切就好似童话故事。下次,我们一定要一起,再去一次。

现在,我又坐下来给你写信。你之前都在忙些什么呢?你是不是在皮尔森?

星期四,6 月 14 日,我将去胡克瓦尔迪;6 月 18 日我需要出席在克罗梅日什(Kroměříž)举行的作品音乐会,随后再过几天,便是我们商定好的卢哈乔维采之行。

你会来吗?我们的脸上会现出幸福的微笑吗?可能实现吗?

只要能等来你说一声“是,我来”的讯息,已经是莫大的幸福了!我会在那儿怎样地迎接你的到来!你明天的来信会给我什么样的答案!我将快乐起来还是更加忧伤?现在是夜晚十点,我已期待着与你相伴。我对自己说:你不想我走进那个伤心的房子,不希望我的拜访!不过,我想我应该去,即便是

① 米亚瓦(Myjava):斯洛伐克的城镇,位于该国西北部米亚瓦河畔。

一栋伤心的房子。或许,我会因此而快乐起来。我们已经将一切安排妥当,如今就等着这些愿望实现!

今天,我做了个不好的梦:自己被一辆压路机撞倒在路边。我能清晰地感受每个瞬间,直到失去意识。我立刻被惊醒了。一定是最近神经一直绷得太紧的缘故。但愿卢哈乔维采能平复我俩的心情。可能不是永远的平静,但那些瞬间足以延续到第二年。

保重!

你永远的

L.

卡米拉致雅纳切克,皮塞克,1928年6月11日

午饭后,我去往常晒太阳的大石头边,忧伤再一次将我击倒,我跑回家。我依然不能适应,想着终有一天,我将孤身一人。于是,我尽力不去想卢哈乔维采。我不想去任何地方,到哪儿总有人烦扰。我从一个房间走到另一个房间,没有一处安宁。对于那些没有经历过的人,说出这些很难。你只要依照自己的行程确定去卢哈乔维采的日子,不用管我。我只需要平静,而这种平静唯有在胡克瓦尔迪,你的小屋里可以找到。这段时间母亲将待在波杰布拉迪(Poděbrady)。奥托很孤独,因为他从小就是外婆抚养大的。好在学校马上就放假了,我可以把他带在身边。他也需要休息,他身体很虚弱。

……

布尔诺,1928 年 6 月 13 日,夜晚(No.684)

我亲爱的卡米卡,

今天收到你的来信!信真是写得语无伦次,乱七八糟!我明白现在对于你而言是最困难的时刻,需要适应完全不同的环境,需要处理很多问题!我请求你,尽量依照我所建议的来安排。

学校马上放假,男孩们也需要度假。你说奥托会来胡克瓦尔迪,那么鲁迪呢?

你说你不那么需要卢哈乔维采之行,但是稍微改变一下环境也是好的。

到卢哈乔维采住上一段时间,哪怕短一些,只要两个星期。我一个人在卢哈乔维采又能做什么呢,除了必须完成的水疗疗程。7 月 1 日以后,你可以来卢哈乔维采,随后我们一起去胡克瓦尔迪。之后你可以在胡克瓦尔迪待上一段时间,多长都可以。中途我需要回趟布尔诺拿些干净的换洗衣物,之后再去胡克瓦尔迪找你。这是我的计划。

我请求你,就按照这个计划行事吧。你不能一个人待在皮塞克或者卢哈乔维采。孤独的环境会令你的神经更为紧张焦虑,你必须试着令自己高兴起来。

我亲爱的小可人,好好坐下来考虑一下吧。

……

你永远的

L.

胡克瓦尔迪,1928年6月15日(No.687)

我亲爱的卡米拉,

你正经历如此的艰难,而我却什么忙也帮不上,唯有寄上些宽慰的话。我多想再见见你的母亲!不过,我很担心一切会变得更糟。

勇敢一些!虽然这很难做到。我也曾经失去过对我而言十分亲密的人,正如你的母亲对于你的意义,如此重要。我了解一个人必须要坚强地挺过来,用全部的力量继续生活下去,因为这同样是身为人的责任。

可能的话,适当地抽离一会儿有好处。你还有这里,我们俩共筑的爱巢,可爱的小屋。

克雷齐默尔先生弄来的写字台真是漂亮至极。我真没想到,那些破烂的木料也能变成如此的尤物。它令人十分愉悦。

……

如果情况变糟，发封电报！我时刻都陪伴在你身边，与你同苦。

你永远的

L.

卡米拉致雅纳切克，皮塞克，1928 年 6 月 18 日

……母亲现在在疗养，医生禁止任何人探视。他们给她打了针，如今人很虚弱，甚至不能开口说话。如果你看到现在的她，一定认不出，完全变成了另一个人。短短的三个星期，一切变得如此之快！他们想把她送到雅克摩夫（Jáchymov），我不是很赞成，写信让他们把她带回家。

恐怕，我周六得去趟维也纳了，买裙子、外套和帽子。我从未想过今年要买这些，而且也从来不喜欢穿黑色，所以我得去买来备着。我不知道该怎样撑过这样的时光，只能看着她受苦。如果她能享有一丝平静也是好的。我的丈夫周六从维也纳回来，就待了一个晚上，今早又出发了。

我甚至都没跟他说话，他不习惯体谅别人。相信我，他的存在令我很不愉快，庆幸的是他走了。如今，我只有在独自一人时最为快乐。即使最糟的情况出现，我也不愿你来看我们。请别生气，我知道你与我同样在忍受煎熬，但是现在过来探视也不现实。

布尔诺，1928年6月19日，夜晚(No.690)

卡米拉，我的卡米拉，

如今你要承受的已超过你能承受的范围，我能了解此中的艰难。而我，更担心你的健康：你的咳嗽怎么样了，背部的疼痛有没有好些？

我现在应该平静地、谨慎地说话：

基于现在的各种情况，以我判断，你可怜的母亲很难再康复了。你要做好最坏的准备。

让疗养院里的医生依照情形定夺方案。他们要把她挪到雅克摩夫做什么！就让你的母亲待在疗养院里。如果她回到家中，会缺少必要的专业护理。况且，你也无法承受她身上遭遇的病痛。

告诉我她在布拉格的哪家疗养院。

告诉我你去维也纳的准确时间，会离开皮塞克多长时间。[①]

不要忘了，就这两个问题请即刻给我一个答复！

尽快给我回信，告诉我你的安排。

---

① 此处，雅纳切克用斜体表示突出强调。

放宽心,我一直在你身边,与你一起经历苦痛,是你最坚强的依靠。前几日染上重感冒,现在已有好转。天气有些凉,门窗都开着。我喝了两杯冷水。现在我在喝杜松子酒治疗!多数时候,生活是没有意义的。我们总是无数放大那些琐事,放纵它们充斥我们的生存空间,而不去允许自己有哪怕一点点严肃的思考。

抄谱员于星期三,也就是明天完成所有工作。终于落下一块石头。我知道,与所有兄弟姐妹相比,你将承受最多艰难。我祈求你,把你的母亲留在疗养院看护。

接受命运是盲目的、冷酷无情的事实,在此坦诚中寻求安慰与解脱。没有人可以阻止命运的脚步。如果你的母亲将故去,那么最好的结局是少些病痛,走得平静些。他们可以通过注射药剂缓解她的疼痛。这种时候,待在疗养院是最好、最方便的选择。

即刻给我回信,

我永远属于你

布尔诺,1928年6月26日,夜晚(No. 694)

我亲爱的卡米卡,

日复一日,生命处于静止。我静静地等待着即将来临的周日,出发的那一天。脑中依然是我们共同旅行的活生生的记忆;对我而言,最特别的是从你手中递来的三颗草莓,就像三滴鲜红的血。局促不安的那一刻,草莓转移了你的注意。我们享用同一个酒杯,你把最好的食物——全熟的鹅肉盛入我盘中。设想一下,在布尔诺有两个“我”。一个与“我”异常相似;而另一个令“我”厌恶之极。几年内,那个人将比我老上几岁,他娶了一位姑娘做妻子。他的脸上只剩下淫欲的表情,他令我感到恶心。你知道的,他总是咧着嘴笑,作出鬼脸,如白痴般傻笑。对你的爱无法用言语表达,但牵引我朝你走去的必是更高的召唤,无限高的力量,我愿意为你牺牲自己。对你的无限渴望仅仅是爱里的一部分。而那些好色之徒的脸上,只会有淫欲的表情。

……

如今你在哪里?是不是依照计划去了维也纳?只要一切顺利就好。

叫我一个人如何度过卢哈乔维采的时光?我将没有笑容,逃离人群,忧伤与我随行。我会去那里,但心一定停在其他地方。人们一定会说:那人一定是病了。是的,我会病的。

你的腿好些了吗?

你永远的

L.

 1854—1928

布尔诺,1928 年 6 月 27 日,夜晚(No. 695)

我亲爱的卡米拉,

今天,他们(即摩拉维亚四重奏)在家里把《私信》从头到尾演奏完了,充满激情,仿佛是他们自己在书写这些情书。

还有一件更重要的事,你的母亲怎样了,是否有些进展?

我似乎已经完成了一生的作品。很奇怪,似乎一切都在匆忙地奔向终点。似乎再不会拿起我的笔了。

听着他们的演奏,不禁疑惑,这真是我写的吗?快乐的欢呼,还有摇篮曲之后忽然发出的恐惧的呼喊。激情洋溢的一场爱情宣言,哀求着;难以抑制的渴望。当你第一次出现在面前,我是如此惊讶,似乎一股脑儿地掉进了井底,井水灌进我的嘴。混乱中,有一个高高的胜利之音在说:你已经找到了命中注定的女人!这真是一部从活生生的肉体中雕刻而出的作品,我想我再也写不出比这更深情、更深刻、更真实的音符。所以我决定就此搁笔,业已走到了终点。

你永远的

L.

卡米拉致雅纳切克，皮塞克，1928 年 6 月 27 日

……母亲来信，我不得不变更一切原定的计划。如今她提笔已经很困难，但她来信乞求我现在哪儿也别去，除了我她无人可依靠，我若离开她内心会不平静。于是我立刻回信让她宽心，承诺除非等到她康复回到家中，否则我哪儿也不会去。我们的事情已经够多了，时间过得飞快。我甚至不会去维也纳或其他地方，所需的衣物都将从布拉格寄来，我想这是现在可行的方式。没有什么工作负担，因此不要焦虑你在那里的时光，确保水疗有好效果就行。……

布尔诺，1928 年 6 月 29 日，夜晚（No. 697）

我亲爱的卡米拉，

这是最后一封从布尔诺寄出的信。

你知道是什么令我如此伤心吗？今天，我又去了展览会。可惜你不在我身边，感叹你不能为你自己作出选择，感叹自己不能替你作出选择。展览会真是棒极了，你一定要亲眼看看。

就要出发了，仿佛等待我的是一个沙漠，令人难过。

 *1854—1928*

若不是需要治疗，我甚至会放弃这趟旅行。

……

今天一整天都充满了满足感，来自布拉格的捷克四重奏的负责人霍夫曼先生来看我，顺便来看看为我们而作的四重奏作品《私信》！他们将首先在荷兰演奏这部作品。人们已经开始在热议这部关于我们俩的作品，当然都是善意的评价。这令我一整天都无比开心。

同时，我自己在想若能终结此“双重”的生活，让一切都汇入一条溪流该多好。你知道我说的吗，你知道这意味着必将发生什么吗？随着时间流逝，似乎距离会被拉远，再等上一年吗？一年后会发生什么，我不再相信一年的时光。总会有糟糕的事情来访，你立刻会变得忧郁，变得不坚定。而我呢？我深陷沉思，凝视着虚无，像一只蜘蛛转着圈织网，而风总是一再将网撕碎。一次又一次地，绝望。

我将离去，如果我呼唤你，你却听不见。当我给你写信时，我将尽力聆听真实的内心。告诉我你的母亲在哪里接受医治。

我会在卢哈乔维采等待你的来信。

但愿每件事都能依照我们期盼的那样好起来。

保重。

你永远的
L.

卢哈乔维采,1928 年 7 月 1 日,夜晚(No. 698)

我亲爱的卡米拉,

还记得你去年躲藏的那个地方吗?如今在那里,只有悲伤等待着我。我沿着那些最偏僻的小径散步。只要一戴上那顶白色的帽子,心便走进了“荒废的天堂”。这里的人们都很吃惊你取消了房间预订。更令人难过的是,看到我独自一人吃晚餐,某夫人露出惊讶的表情,我告诉她关于你母亲发生的一切,并称但愿你不久会过来。沿着偏僻的小径走回住处。我整理行李,坐下来给你写信。并没有等到你的来信,我想也不会有什么好消息。

我要在这里独自度过二十一天,没有你的二十一天,这是从未有过的一次水疗。这儿没有什么令我感到愉快,我没有碰到什么人,也不想碰到什么人。想想一个星期以前,我还在回味我们美好的旅行。我们享受着健康,除了你受伤的脚。但愿现在它们又能快乐地蹦起来了。你会来吗?怎样才能诱惑你的到来!

我只请求你,每天给我写信,让我挨过这些日子。

噢,若是能在某个安静的转角等到你该多好!如今,只能用这些幻想安慰我自己。

你永远的

L.

 1854—1928

卡米拉致雅纳切克，皮塞克，1928 年 7 月 5 日之前

……我把你昨天的来信反反复复读了几遍，我很抱歉，你对整个世界充满怨言。真的每件事对于你而言都毫无希望吗？你从前会不会更快乐些呢？你总是将痛苦植入他人的生活中！难道你是一个小孩子不能有闭嘴停歇的一刻吗？你的来信，仿佛一切都是我的错。难道有谁比现在的我更痛苦吗？可我又有什么办法？我只是履行自己的责任。任何人或事都要经历快乐与痛苦的时刻。我已经在丧失信心，而你却比我更甚。你可以尽情享受水疗，把一切暂时忘却，我甚至并未提及自己的处境，不愿增加你的负担。为什么你要拿这些并未发生的事来烦闷自己，去担心你我之间会相互厌倦？在认识我之前，你又是如何在世上存活下来的呢？你一整年都待在布尔诺家中，未曾有我的陪伴，为什么独独这一次就不行呢？我希望你能稍稍改变些，否则我甚至不愿意写这封信。我想要你快快乐乐的，享受你作为游客的乐趣与健康，好好接受医治疗程。……

古托娃夫人在卢哈乔维采开的一家素食餐厅，雅纳切克与卡米拉曾在那里用餐

卢哈乔维采，1928年7月6日（No.704）

亲爱的卡米拉，

今天是治疗的第五天，休息。早上七点起，我便在Jestřabí森林漫步。

你知道你的那封来信，有如此多严肃的问号和问题！你问我："以前快乐吗？"这个问题在我的脑袋里盘旋了一整个上午。我认真地回忆过去的每一件事：结婚的时候？我不快乐。只有冷静，没有热情。直到那份"冲动"到来。唯有冲动能令一个人与另一个人连在一起，一个人全身心地属于另一个人。我可以肯定那是"爱的燃烧"。先前我就像海中的一只船，没有桨,迷失。如今,我是最快乐的人,因为一个疯狂的、美丽的时刻,当我第一次对你说出“Ty”。我的灵魂与你相伴。第一次在这里,我找到了快乐的意义。

[部分信纸被撕去]……

卢哈乔维采,1928年7月16日(No. 712)

我亲爱的卡米拉,

今天这里热浪滚滚!我尽可能地保护自己不过度曝晒,我是这里唯一戴白帽子的人。今天,即使是在凉爽的森林都跟火炉一般。

明天开始我将进行冷水疗法:水中注入氧气,先是在温水中,之后是冷水,最后冲澡。真令人期待!

我已经完全没有拍照的兴致了,没有你,为什么要费这些功夫!今天在阅览室,大概有六位年轻的女士和学生跟我打招呼。他们上前索要亲笔签名,令我感到惊讶。我问:“你们认识我吗?”他们说是的。他们全部是犹太人!这真有趣。尤其我正为可爱的黑美人神魂颠倒,她正是一个犹太姑娘。不过,我们有一位不以宗教而论的上帝,那就是爱!

高烧致使Vavrouch医生左眼失明,他没办法照看过多的病人,仅接待以往的一些老关系。当冷水冲过我的身体,我感觉舒畅。如今是上午十点,天气已经热得很,我想胡克瓦尔迪会好些。

今天有一位从布拉格来的旧相识,有人给我们拍了照片。我不想看究竟拍得如何,这张照片里的人我都不感兴趣。

我打算慢慢开始收拾行李,现在乱七八糟的。这次水疗很宜人,只是独自一人的孤独尽是糟糕的回忆。幸运的是,我们互相写了这么多信,有那么多"美好"的话语!昨天没有收到你的来信。保重!我非常、非常地爱你。

你永远的

莱奥什

雅纳切克生前最后一次在卢哈乔维采度夏,1928年7月

 1854—1928

卢哈乔维采,1928 年 7 月 19 日,傍晚(No. 714)

我亲爱的卡米卡,

今天,7 月 19 日星期四,没有你的来信。那个法国人里特[1]找到这里,与我交谈了四个小时,从中午 12 点到下午 4 点。我将信交由他带到邮局,这样可以确保今天可以把信投递出去。信封里一共有两封信,贴了两张邮票。告诉我你是否都收到了。我们谈到了“菲比赫和安内兹卡”。他称那个女人如黑夜般丑陋,她用丑陋的爪子抱着菲比赫。而我的卡米拉,如夜晚布满星星的天空般黝黑迷人。她没有利爪,而是柔软而灵活的小指头。

里特可能会来皮塞克听我们的四重奏。你甚至有可能在胡克瓦尔迪碰见他。行李已经整理过半,我很高兴即将离开这里,除了你的来信,这里只有安静的忧伤。我拄着手杖去吃晚饭,天忽然下起雨来。这是三个星期以来的第一场雨,但只是几点零星的小雨。还记得去年这个时候,也是落雨,古托娃夫人借给我们一把伞,你像一只小松鼠般从车里跳进跳出,还记得吗?这里度过的时光,三个星期,告别同样令我伤感!我感激从你口中说出的那些亲密文字!加诸我身的孤独感是如

① 评论家威廉·里特计划写一本关于雅纳切克的书。

此强烈，我不想工作，有时候更想哭泣。

在脑中，我用漂亮的颜色装点我们的胡克瓦尔迪小屋，它美极了，越是美越是令我担心，不知会有怎样的厄运降临，阻止我们期盼的热情。因此，我现在不再谈论它，只是静悄悄地带着你上车，下车，带着我的珍宝离开。当走到小屋的门前，推开门进去，整个世界将被关在门外。作为忠诚的影子向我的卡米拉献殷勤，服侍我的女王陛下。我知道，那里会令你有家的感觉，而我与你在一起便是“快乐的家”。你令家变得温暖、可爱。让所有的美梦飘落成真吧！

你永远的

莱奥什

布尔诺，1928年7月21-22日(No.718)

我亲爱的卡米拉，

我该怎么想呢？星期四-星期五-星期六-星期天，没有你的来信，一封都没有！

是你的母亲的状况不太好，还是发生了其他什么事，或许你正在为旅行做准备？

或许，或许——可不论是何种情况，你都可以提笔写些什么！在卢哈乔维采的第一个星期我因为你的沉默而备受折磨，这一回，我将平静地等待你的回答。

1854—1928

离开卢哈乔维采时，我甚至头也不回。这里不会有人怀念我，而我什么也没有留下，除了花销出去的钱财。

我在改善自己唠唠叨叨的毛病，我只是习惯了抱怨的方式。当我找不到更富有激情的词语，它们是令我平静下来的良药！似乎朝着四面八方呼喊，我等待着，渴望从某一个角落传来一声应答。可是，周围如此安静，没有任何声响。于是我停下疯狂的脚步，低垂着头；我曾看过羊群低垂着头站着，不吃草的样子。只是，我想，它们并不存在思想。它们迟钝，因此可以睡得安稳。

我真不明白，你的上一封信充满了快乐，而突然间，一切又被硬生生掐断了！

离开卢哈乔维采的前一天，发生了一件有趣的事。那天，我去向那张赐予我俩相遇的长凳告别。不远处，一位夫人带着她的孩子们玩耍，孩子看起来大约两三岁的样子。那孩子用手杖挡住我的去路，大叫道："我不允许你前进一步。"于是我在隔壁的长凳坐下来，不一会，两个孩子跑过来与我聊天。其中一个叫耶达，另一个更小的叫马林卡。他们没有爬上我的膝头还真是奇迹。他们来自伯拉第斯拉瓦(Bratislava)。后来，他们大喊着"爸爸"，朝一个男子奔去。我对那位先生说："我和你的孩子们聊得很愉快！"你知道什么令我高兴吗？两个素不相识的孩子完全地信任我，一点没有恐惧与害怕！他们是其他人的孩子！若是"我们"的孩子会怎么样呢？会不会更好？他们的美丽妈妈是否会与我并排而坐？这是我内心的秘密，因此我很喜欢这场意外的相遇，并与你诉说。

如果明天还不能收到你的来信，那么毫无疑问你母亲的情况有所恶化。我静候你的解释。

我明天会等来什么呢？你会不会告诉我前来布尔诺的时间，我们将乘坐火车前往胡克瓦尔迪。是不是一切会如我所愿呢？

如今，我呆坐在布尔诺，从卢哈乔维采归来后更多是疲惫，而非康复。今天我坐在花园里，哪儿也不想去，不想工作也不想说话。

你清楚当收不到你的来信时，我是多么艰难，你真应该提笔，不管发生了什么。

好好的，睡个好觉。

你永远的

莱奥什

卡米拉致雅纳切克，皮塞克，1928年7月21日，夜晚

亲爱的大师，

经过剧烈的痛苦与挣扎，我亲爱的母亲于7月17日（星期二）去世，他们把她带回故土，葬礼将在星期五举行。我不能再多写些什么，等星期五或星期六我们到布尔诺时再面谈。我非常需要平静，而只有在你的陪伴下才能找到平静。

亲切地问候你，

卡米拉

 1854—1928

布尔诺，1928 **年** 7 **月** 23 **日**（No. 719）

我亲爱的卡米卡，

我一直有不好的预感，果然不幸还是降临了！这么说，她已不在这尘世间，那是多么深爱着你的母亲！我深表遗憾，如今你在家中孤苦无依，品尝生死分离。相信我，在你需要的每一刻，我都站在你身边。荒凉将在屋子里游走，如你在家中徘徊。如今，我们俩更相像了。在家中，我就像一株长在旷野的梨树。当我去探望你时，将在她安静的坟上放上美丽的花环。我替她感到难过，因为你所以我喜爱她，我与你母亲也算是相识，很遗憾我不能再见上她一面。我从未想过一切会这么快结束。我的母亲至少还拖了几年。

如果一切都不能改变，那么上帝的仁慈将缩短她的苦痛。

我现在等待着你的决定，何时来布尔诺请尽快来信告知。你可以在这里过夜，我会准备好一个房间。我们将于 7 月 30 日，星期一上午十点搭乘火车前往胡克瓦尔迪，预计在夜间到达。在那里，你将找到平静，好好休息一下。我不想说可以忘却一切，对你而言这是沉重的一击。我尽力不去触碰你的伤口，亦不再增加你的痛苦。

……

记得让你自己冷静下来，在最艰难的时刻，我想与你相伴。但相信我，从卢哈乔维采到皮塞克，忧伤的阴云一路陪伴，邪恶不祥的预感总是挥之不去。

我们将一起去她的墓地看望她。

尽快回信，

你永远的

莱奥什

布尔诺，1928 年 7 月 25 至 26 日(No. 722)

我亲爱的卡米卡，

……

这将是我从布尔诺发出的最后一封信。你决定好出发了吗，或者还是照着我的安排来：

星期天中午抵达布尔诺；

星期天抵达后去看看展览会；

星期一，7 月 30 日从布尔诺出发到胡克瓦尔迪。

我等待你的决定。好好睡，我真想知道你与我同一屋檐下时会做怎样的梦！

永远的，

莱奥什

 *1854—1928*

卡米拉致雅纳切克，皮塞克，1928 年 7 月 25 日

亲爱的大师，

回复你的来信，我们将于 7 月 29 日（星期天）中午抵达布尔诺。如今我只希望能获得平静，哪怕是一会儿的平静。但愿母亲可以安然地离去，她受了那么多痛苦。

我现在还能要求什么呢？像个病人一般，期盼能与你一起独处。很多事情等我们见面了再说。原本母亲希望自己能多活几天。对于我，一切都是那么悲伤。

亲切地问候你，

卡米拉

我不再写信。

卡米拉

尾声

依照雅纳切克夫人兹登卡的意思：卡米拉变成一个不被人提及的“影子”，在此后关于作曲家的书中小心翼翼地略去了她的名字。

1938年，卡米拉在43岁时患癌症去世。她的去世几乎无人知晓。同年，雅纳切克题献给卡米拉的四重奏《私信》印刷出版，但题辞被尽数抹去。时值纳粹侵占捷克斯洛伐克，与一个犹太人交往过密总是危险的，人们便也不再提及这位犹太女人的事。“避而不谈”的态度持续了近四十年，直到摩拉维亚博物馆拿到了这些私人信件，卡米拉才渐渐浮出水面。卡米拉死后，她的丈夫设法逃到瑞士；她的两个儿子与非犹太裔结婚并在战争中幸存；而卡米拉的其他亲人，包括其父亲均丧生于纳粹集中营。

 *1854—1928*

在前往胡克瓦尔迪的旅途中，卡米拉随身带着一本纪念册。从 1927 年 10 月 2 日起，雅纳切克总会在这本纪念册上写下他们的相逢时光。纪念册里是美好的文字与雅纳切克随手记下的音乐灵感，包括他们在胡克瓦尔迪充满爱意的最后时光。

1928 年 8 月 10 日，全身滚烫的雅纳切克在夜间记下了他对卡米拉的最后私语。纪念册在纯粹的快乐中画上句点：

我，亲吻过你。

而你，正坐在我身边，我快乐且平静。

就这样，与天使共度的日子。

一张胡克瓦尔迪的明信片(约 1930 年),描绘了雅纳切克的“别墅”,他的出生地(其父亲教课的学校)以及废弃的城堡风光

雅纳切克生平和创作年表

1854 年　7 月 3 日出生于捷克摩拉维亚地区的胡克瓦尔迪。

1856 年　斯美塔那在布拉格教学与创作。

1857 年　德沃夏克在布拉格管风琴学校学习。

1860 年　古斯塔夫 · 马勒出生。

1862 年　第一座剧院在布拉格建成;德彪西出生。

1865 年　加入布尔诺圣托马斯修道院唱诗班。

1866 年　斯美塔那接任布拉格剧院指挥。

1869 年　进入布尔诺皇家教师培训学院。

1871 年　开始尝试歌剧创作;穆索尔斯基完成了歌剧《鲍里斯 · 戈杜诺夫》。

1872 年　在布尔诺皇家教师培训学院任指挥助教。

1873 年　首次声乐作品创作,包括合唱:《耕地》《战争之歌》《易变的爱情》《塞尔维亚民歌》。

1874 年　离开布尔诺皇家教师培训学院,进入布拉格管风琴学校,师从 Frantisek Skuhersky;创作宗教题材作品《赞美诗》(为合唱及管风琴而作);勋伯格出生。

1875 年　宗教题材《俯听天主》,合唱《一顶消失的桂冠》《如果你不爱我,我还在乎什么呢?》,室内乐《夸耀》《记忆中的托瓦考夫斯基》,键盘音乐《前奏曲》《抒情曲》《幻想曲》;与德沃夏克相识。

1876 年　合唱《真爱》《合唱悲歌》;于布尔诺皇家教师培训学院任教,被选作 Beseda Brněnská 爱乐协会的合唱指挥;学习德国心理学家威廉·冯特(Wilhelm Wundt)与赫尔曼·冯·赫尔姆霍兹(Hermann von Helmholtz)的理论;德沃夏克创作《摩拉维亚二重唱》;拉威尔出生。

1877 年　管弦乐作品《组曲》;于杂志发表首部作品《俯听天主》混声合唱。

1879 年　宗教题材《圣哉经》,室内乐《浪漫曲》;进入莱比锡音乐学院学习钢琴、管风琴及作曲;成为兹登卡(未婚妻)的钢琴教师。

1880 年　合唱《秋之歌》,室内乐《杜姆卡》(为小提琴与钢琴而作),《"兹登卡"降 B 大调钢琴变奏》(作品编号 1);进入维也纳音乐学院,师从弗朗茨·克伦(Franz Krenn)学习作曲。

1881 年　《十首赞美诗》(为合唱及管风琴而作);返回布尔诺与兹登卡结为夫妻;巴托克出生;穆索尔斯基逝世。

1882 年　组建成立"布尔诺管风琴学校"并担任学校教务长;女儿奥尔佳出生;瓦格纳《帕西法尔》在拜罗伊特上演。

1883 年　宗教题材男声合唱《圣母玛利亚》;德沃夏克出访伦敦;瓦格纳去世;韦伯恩出生。

1884 年　为管风琴而作的《两首小品》;创办音乐杂志《音乐信笺》,担任撰稿及编辑。

1885 年　合唱《野鸭》及《四男声合唱》,其中《四男声合唱》题献给德沃夏克；开始构思第一部歌剧《萨尔卡》。

1886年　钢琴作品《在记忆中》。

1887年　开始创作歌剧《萨尔卡》；发表文章《调性概念》。

1888年　完成第一部歌剧《萨尔卡》；儿子符拉基米尔出生；与人类学家、摩拉维亚民俗学家巴尔托什相识，并一同到胡克瓦尔迪、拉什等地区采集民间音乐。

1889年　管弦乐《瓦拉奇舞曲》（作品编号2）；德沃夏克创作民间风格的《第八交响曲》。

1890年　《我们的歌》（为合唱及管弦乐队而作），管弦乐《中板》；杂志《音乐信笺》解散；布拉格举行了天主教大赦年，捷克地区由波希米亚与摩拉维亚代表参加，雅纳切克根据斯洛伐克民间舞蹈及音乐改编的 Rákós Rákóczy 作为摩拉维亚的代表作品受到热烈欢迎；儿子符拉基米尔夭折；理查·施特劳斯创作了《死与净化》。

1891年　管弦乐《小夜曲组曲》（作品编号3），歌剧《浪漫的开始》；与《耶奴发》的剧作者普列索瓦相识；布拉格剧院拒绝上演雅纳切克的歌剧《浪漫的开始》。

1892年　根据民歌改编的合唱作品《太阳升上那座山》、编订《摩拉维亚民间歌曲集》。

1893年　钢琴作品《为摇摆体操而作的音乐》、男声合唱《我们的桦树》。

1894年　管弦乐《嫉妒》，后该部分成为歌剧《耶奴发》的序曲；动笔创作《耶奴发》；文章《音乐理论的新趋势》发表。

1896年　康塔塔《请聆听我，噢主！》（为独奏、合唱、铜管、竖琴及管风琴而作）；参观俄罗斯"工业与艺术展览"；在收集民歌的途中与同样收集民歌的捷克作曲家诺瓦克

(Vítězslav Novák)相识;兹德涅克·菲比赫(Zdeněk Fibich)创作同名歌剧《萨尔卡》。

1897 年　宗教题材作品《节日合唱》《阿马鲁斯康塔塔》,声乐作品《春之歌》;发表文章《和声写作与连接》;开始探索口语歌调、“语言的旋律性”;马勒担任维也纳国家歌剧院首席指挥。

1898 年　编配《胡克瓦尔迪民歌》;诺瓦克创作了合唱《两首摩拉维亚民间诗配乐的叙事曲》。

1899 年　管弦乐《拉什舞曲》《俄罗斯舞曲》《塞尔维亚舞曲》;文章《歌唱技巧训练》《最新收集的摩拉维亚民歌集》发表。

1901 年　康塔塔《我们的父亲》,钢琴作品《繁茂的小路》。

1902 年　宗教题材作品《圣文采利斯》(为合唱及管风琴而作);德彪西创作了歌剧《佩利亚斯与梅利桑德》。

1903 年　女儿奥尔佳病亡;康塔塔《为我的女儿奥尔佳歌唱》,歌剧《命运》;完成歌剧《耶奴发》并在布尔诺剧院进行第一次排练;雅纳切克组织摩拉维亚与西里西亚民间文化团参加在圣彼得堡举行的泛斯拉夫展览;勋伯格创作交响诗《佩利亚斯与梅利桑德》,诺瓦克创作《斯洛伐克组曲》。

1904 年　合唱《圣母玛利亚》《摩拉维亚男声合唱》,钢琴作品《摩拉维亚舞曲》;完成《耶奴发》;应邀前往华沙音乐学院讲学;德沃夏克逝世;古斯塔夫·马勒向雅纳切克索要《耶奴发》的合唱谱。

1905 年　《降 E 小调钢琴奏鸣曲“1905 年 10 月 1 日,来自街头”》;巴托克与科达伊初次到匈牙利民间收集民间音乐;马勒创作《第七交响曲》;施特劳斯创作《莎乐美》。

1906年　合唱《男教师哈尔法》,《民间夜曲》(为女声二重唱及钢琴而作);观看施特劳斯歌剧《莎乐美》在布拉格的首演;好友、民俗学家巴尔托什去世;肖斯塔科维奇出生。

1907年　男声合唱《玛丽什卡·玛格多纳娃》。

1908年　歌剧《布鲁切克先生的月亮之旅》、歌曲《五首摩拉维亚舞曲》《四首民谣》;马勒开始创作《大地之歌》;梅西安出生。

1909年　男声合唱《七万》,改编《26首民间叙事曲》。

1910年　为大提琴和钢琴而作的两部室内乐作品《神话传说四首》《急板》;斯特拉文斯基创作《火鸟》。

1911年　康塔塔《卡塔克在苏兰》,钢琴曲《中板》;马勒逝世;勋伯格出版《和声学》。

1912年　钢琴作品《在雾中》,管弦乐《提琴手之子》;发表《完全和声教科书》;勋伯格创作《月光下的彼埃罗》。

1913年　斯特拉文斯基创作《春之祭》;布里顿出生。

1914年　康塔塔《永远的福音》,合唱《臬容被》,《小提琴奏鸣曲》。

1915年　管弦乐狂想曲《塔拉斯·布尔巴》。

1916年　合唱《赫拉德卡尼之歌》;歌剧《耶奴发》在布拉格首演成功;理查·施特劳斯、马勒等当时著名的音乐家在维也纳观看《耶奴发》;与马克斯·布洛德博士相识。

1917年　与卡米拉·斯托斯洛娃在温泉度假胜地卢哈乔维采著名的红酒吧 Slovacka búda 相遇;开始创作歌剧《失踪者日记》。

1918年　完成歌剧《布鲁切克先生的月亮之旅》,男声合唱《捷克军团》;捷克斯洛伐克共和国成立;诺瓦克创作男声合唱

《三首捷克歌曲》;斯特拉文斯基创作《士兵的故事》《格拉泰姆》。

1919 年　开始动笔创作歌剧《卡塔·卡芭诺娃》;布尔诺管风琴学校改名为布尔诺音乐学院;巴托克创作《神奇的满大人》。

1920 年　交响诗《布莱尼克的民谣》,声乐作品《摇篮曲》(改编自民歌);退休,不再担任布尔诺音乐学院教务长一职;被任命为布拉格音乐学院客座教授。

1921 年　完成歌剧《卡塔·卡芭诺娃》;于布拉格音乐学院做"创作中的思想过程"的讲座;参加印度诗人泰戈尔的演讲,泰戈尔的诗歌成为其下一部合唱作品《流浪的疯子》的文本依据。

1922 年　开始创作歌剧《狡猾的小狐狸》,完成《摩拉维亚民歌集》(15 首),合唱作品《流浪的疯子》;歌剧《耶奴发》在南斯拉夫首演。

1923 年　完成《狡猾的小狐狸》,第一弦乐四重奏(根据托尔斯泰的小说《克罗采奏鸣曲》而作),开始动手创作新歌剧《马克罗普洛斯事件》,管弦乐作品《多瑙河》。

1924 年　雅纳切克七十大寿;马克斯·布洛德出版了关于雅纳切克的专著《莱奥什·雅纳切克:生活和作品》;接受《纽约时报》记者奥林·唐斯(Olin Downes)的专访,之后一篇题为"捷克当代作曲家雅纳切克"的文章刊登于这张全球知名的报纸上;完成管弦乐《拉什舞曲》,室内乐《蓝色男孩的跋涉》(为短笛与钢琴而作),管乐六重奏《青春》,《童谣八首》;《耶奴发》在柏林及纽约首演;捷克第一任总统马沙耶克在布拉格剧院观看雅纳切克作品的演出,并接见了作曲家。

1925 年　室内乐《小协奏曲》，合唱《我们的旗帜》《为布尔诺的马萨里克大学而作的合唱》，完成歌剧《马克罗普洛斯事件》；中止学院内相关的教学工作，被授予布尔诺马萨里克大学首个荣誉博士学位称号；出席于布拉格召开的“国际当代音乐节”；布洛德翻译的《狡猾的小狐狸》在德国出版，合唱作品在法国演出，歌剧《耶奴发》在德国演出。

1926 年　《小交响曲》，随想曲《挑战》（为左手钢琴而作），小提琴协奏曲《灵魂的朝圣》，《童谣》（第二部分）；为纪念捷克斯洛伐克独立一周年，创作了康塔塔《格里高利弥撒》；改编自民间舞曲的钢琴作品《在胡克瓦尔迪的老城堡里》；《耶奴发》在波兰演出；应罗莎·纽曼邀请出访英国，几首作品在伦敦演出，包括第一弦乐四重奏、管乐六重奏《青春》及小提琴奏鸣曲，音乐会期间遭遇伦敦工人大罢工。

1927 年　《小交响曲》于纽约、柏林及布尔诺首演；开始创作最后一部歌剧《死屋手记》（根据陀思妥耶夫斯基的小说而作）；与勋伯格及兴德米特一起成为柏林普鲁士艺术学院成员。

1928 年　完成对卡米拉“爱的誓言”——第二弦乐四重奏《私信》；《小交响曲》在伦敦、维也纳及德累斯顿上演，柏林演出《马克罗普洛斯事件》；8 月与卡米拉及其子奥托前往胡克瓦尔迪度假，8 月 13 日因肺炎去世；8 月 15 日，在布尔诺举行了雅纳切克的盛大葬礼，他的遗体被陈列在国家歌剧院，纪念音乐会曲目包括德沃夏克的《安魂曲》，雅纳切克的《狡猾的小狐狸》中“护林人的告别”；《死屋手记》第三幕未修订完成。